MI DIARIO DE CONCIERTOS

MI DIARIO DE CONCIERTOS

Lorena Montón

PLANIFICIA TU EXPERIENCIA Y GUARDA TUS RECUERDOS MÁS ESPECIALES

mr

Ediciones Martínez Roca, sello editorial de Editorial Planeta, S. A.
Avda. Diagonal, 662-664, 08034 Barcelona
www.mrediciones.es
www.planetadelibros.com

Diseño de interior: María Pitironte
© Recursos de interior: María Pitironte, a partir de los originales de Shutterstock

Primera edición: enero de 2025
Depósito legal: B. 22.252-2024
ISBN: 978-84-270-5337-3
Preimpresión: Safekat, S. L.
Impresión y encuadernación: Huertas, S. A.
Printed in Spain - Impreso en España

PEFC Certificado
Este libro procede de bosques gestionados de forma sostenible
PEFC
PEFC/14-38-00305
www.pefc.es

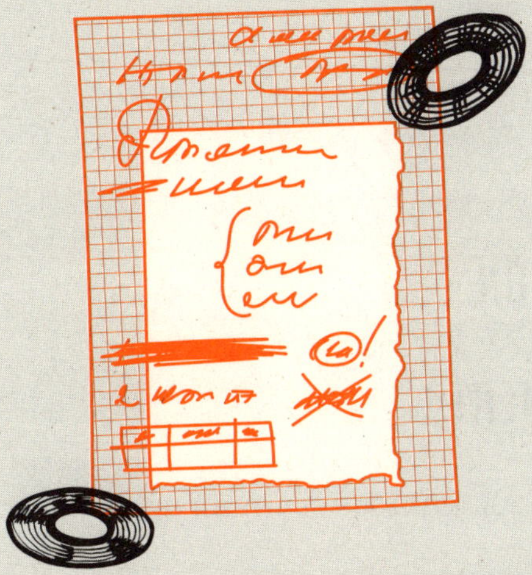

ÍNDICE

INTRODUCCIÓN 10

EL PRECONCIERTO 12

» Conseguir entadas sin morir en el intento 12

» Clubs de fans 37

» Conciertos en solitario, ¿por qué no? 41

» ¿Cómo me voy de gira con mi artista favorito? 43

» Economía conciertera: si quieres, puedes 51

» Acampar para un show: lo que debes saber 53

» Lo que debes tener en cuenta al elegir tu outfit 60

» No salgas de casa sin... 62

EL CONCIERTO 64

» Tips para disfrutar bien de un concierto 64
» Merchandising: ¡lo quiero todo! 68
» Economía básica: no despilfarres 71
» Infórmate bien de todo 73
» Estoy delante de mi ídolo, ¿qué hago? 75
» Consejos top para disfrutar de tu *meet & greet* 79
» Seguridad: cuídate y cuida a los demás 83
» Sostenibilidad: disfrutar sin dañar el entorno 88
» La experiencia festivalera. ¡Vívela! 91
» ¿Quién es quién dentro de un concierto? 98

EL POSCONCIERTO 106

» La vida en el backstage: si los camerinos hablasen... 114
» Sé un buen fan: no te conviertas en un stalker 119

MI DIARIO DE CONCIERTOS 133

» Wishlist: artistas a los que quiero ir a ver 134
» Planificadores mensuales 136
» Planificador anual 142
» Fichas de concierto 144

INTRODUCCIÓN

Si tienes este libro en las manos es porque eres amante de la música e imaginar la vida sin ella es algo que no entra dentro de tus esquemas.

¿UN MUNDO SIN MÚSICA?

¿QUÉ CLASE DE PELÍCULA APOCALÍPTICA ES ESA?

PUES BIEN, TENGO UNA BUENA NOTICIA:

HAY MÁS GENTE COMO TÚ.

Cuando algo nos gusta decimos que somos aficionados o seguidores de ello; pero cuando algo nos gusta MUCHO, nos apasiona y nos mueve por dentro de una forma inexplicable, el término que mejor nos define es el de FAN. ¿Te suena? Y sí, el sueño de todo fan es ver a sus ídolos en persona y disfrutar de su música en directo. ¡Una experiencia increíble!

Para que nuestra experiencia sea de lo más TOP hay que tener toda la información posible. ¿Qué tipos de entradas hay disponibles? ¿Qué necesito para aguantar horas de cola? ¿Cuánto presupuesto es necesario para seguir a mi ídolo en una gira? ¿Qué se hace en un *meet & greet*? ¿Cómo es la vida en un backstage?

Estas y muchísimas cuestiones más aparecen en *Mi diario de conciertos*, el libro que a partir de ahora será tu guía indispensable para preparar cualquier experiencia musical. No solo encontrarás información general, sino también trucos prácticos y consejos de primera mano extraídos de muuuuchas horas de cola, decenas de viajes por el mundo y centenares de shows en directo. ¡De fan a fan, así que aprovéchalos!

Además, encontrarás muchas páginas rellenables para que planifiques tus aventuras, apuntes todo aquello necesario en tu organización y fijes en tu memoria aquellos recuerdos más especiales junto a tus ídolos. ¿A cuántos shows piensas ir este año? No olvides agendarlos en la parte final del libro.

Deseo que saques todo el jugo a este manual que todo fan merece tener y, sobre todo, que te ayude a disfrutar al máximo de tus futuros conciertos. ¡Que la música nos acompañe siempre!

EL PRECONCIERTO

CONSEGUIR ENTRADAS SIN MORIR EN EL INTENTO

¡Por fin! Tu artista favorito acaba de anunciar gira y **sí o sí** vas a ir a uno de sus conciertos (y quien dice uno, dice dos o tres... Y ya que estamos, ¿por qué no hacerte la gira entera?). ¡Empieza la aventura!

En primer lugar, asegúrate de que no tienes nada inamovible el día del show y, si puede ser, tampoco el día de antes ni el de después (la resaca emocional y física de un concierto es una realidad de la que hablaremos más adelante y no se puede obviar). Como algo «inamovible» entendemos:

- » La boda de tus padres (cualquier otra boda puede prescindir de ti).
- » Tu boda (vale, en este caso también deberías estar).
- » El examen final en el que te juegas acceder a la carrera con la que siempre has soñado o al trabajo que más deseas del mundo mundial.

Todas las demás opciones que pueda darte son incorrectas.

A partir de este momento, tu calendario tendrá una fecha señalada en rojo, en verde y en toda la gama del espectro cromático que indica que **ese día es el día.**

Lo siguiente es ponerte de acuerdo con tus amigos fans (o con quien quieras ir) en qué hoja de ruta vais a seguir. Toca repasar el calendario del tour e ir calculando qué otras fechas son factibles para ese bis.

Diseñando EL PLAN

Una vez tengamos claro a qué shows queremos ir, llega el momento de conseguir las entradas. Para no perder los nervios, sigue estos pasos uno a uno:

1. Consulta **las redes sociales o web oficial del artista** para saber dónde se compran las entradas. Esto es superimportante para evitar páginas fraudulentas y sitios de reventa con entradas a precios desorbitados.

2. Presta atención también a **la hora de salida.** Y, ojo, porque si estás chequeando la información de un artista extranjero que vive en otro huso horario, debes prestar especial atención a las indicaciones. ¿Pone 3:00 EST? Eso son las 3:00 en *Easter Standard Time,* con lo que, si estás en Sevilla, por ejemplo, para ti serán siete horas más. Tu móvil o Google te ayudarán a hacer la conversión horaria, pero hazlo en dos o tres sitios distintos para asegurarte.

3. **Lee atentamente las indicaciones** de la web tiquetera (es decir, donde se adquieren los tickets). ¿Puedes comprar todas las entradas que quieras o hay un límite? ¿Habrá cola virtual? ¿Hay que estar suscrito a esa web para realizar la compra? Cuanta más información tengas, más ágil será el proceso.

4. Otro punto importante es **el mapa del recinto.** En los grandes recintos hay muchos tipos de entradas, empezando por las de pista y las de grada. Investiga cómo estará distribuido el público en el show y así podrás decidir qué tipo de entrada te interesa.

5. Atención a **los sorteos.** Muchas emisoras de radio, cuentas de Instagram y marcas patrocinadoras organizan sorteos de entradas e incluso de experiencias *meet & greet*. Haz un buen rastreo para no perderte ninguno.

6. Cada vez es más usual que se lancen un número de entradas determinado **en preventa,** es decir, antes de la fecha oficial de venta. Estas ventas suelen estar ligadas a marcas patrocinadoras de la gira, a la propia promotora del show o a los clubs de fans.

TIPOS DE PREVENTAS

1. Las de los clubs de fans suelen ser las más ventajosas porque, como mucho, deberás suscribirte pagando una pequeña cuota (las hay de apenas tres euros al mes) a cambio de que te den el código de preventa. Una vez hayas conseguido tus tickets, te puedes dar de baja y listo. Otro punto a su favor es que suelen ser las primeras en salir (aunque depende del tipo de artista; no hay una regla matemática).

2. Las preventas de las promotoras suelen ser para gente que está suscrita a su newsletter y que tiene una cuenta en su web y, por lo general, son gratis, por lo que también son una buena opción.

3. Las de las marcas que patrocinan la gira suelen pedirte que tengas un servicio comprado con ellos. Por ejemplo, si hablamos de un banco, tendrás que ser cliente para conseguir el código de preventa. Comprueba si ese es tu caso, o el de alguien de tu familia, porque ahí tendrías otra oportunidad para acceder a la venta previa de entradas.

CASO DE TAYLOR SWIFT Y LOS CÓDIGOS DE PREVENTA

The Eras Tour ha obtenido diversidad de récords, ya que los fans de Taylor Swift son de los más potentes que hay. Cuando las entradas se pusieron a la venta, y teniendo en cuenta la alta demanda que iba a haber y el riesgo de reventa y especulación con esos tickets, la tiquetera, que en este caso era Ticketmaster, puso en marcha el proceso de *verified fan.*

¿En qué consiste?

Hay que rellenar un formulario en la web con tus datos para confirmar que no eres un bot. Así entras en el sorteo de unos códigos personales e intransferibles que permiten comprar un número limitado de entradas (en el caso de Taylor fueron cuatro).

Cómo afrontar
LA COMPRA DE ENTRADAS

Genial, ya lo tienes todo controlado. *Congrats!* Ahora solo queda esperar a que llegue el Día D y comience la lucha para conseguir tu pase al paraíso (tu entrada, vaya). Pero si pensabas que te podías relajar porque ya está todo hecho, te equivocabas.

Ahora viene el momento más intenso y, a veces, desesperante: comprar la entrada.

AQUÍ TE DEJO ALGUNOS TIPS QUE TE AYUDARÁN A QUE TODO SEA UN POQUITO MÁS FÁCIL:

» Asegúrate de tener una **buena conexión** a internet y cobertura.

» Ten preparada **tu tarjeta de crédito,** aunque lo mejor es haberte dado de alta en la web donde se compran las entradas y haber rellenado los campos de datos personales, incluyendo tu método de pago. Así te saldrá de forma automática y no perderás tiempo introduciendo los numeritos.

- Conéctate **media hora antes** como mínimo. Puede que ya se esté formando la cola virtual, y así estarás mejor situado en el momento en que se abra la venta. En los shows con asientos, las primeras filas vuelan, así que estar en la web un ratito antes e ir dándole a F5 (o Command + R si eres de Apple) es un buen truqui.

- ¿Vas a más de un show? Pues **reparte el trabajo.** Que tus amigos se centren en comprar una ciudad y tú otra, así focalizáis el esfuerzo y no perdéis tiempo. También puedes pedir ayuda a otras personas para que se conecten a la misma hora que tú y, si consiguen acceder antes a los tickets que quieres, que sean ellas quienes los compren. Eso sí, ¡comunicaos durante el proceso para no duplicar la compra!

- Atención a **la forma de hacerte con tu ticket.** Los tickets electrónicos son lo más habitual: recibes tu entrada por email y con el código QR entras al recinto, sin necesidad de imprimirlo. Ahora bien, hay webs que te dan la opción de recibir la entrada física en casa. Sí, no es nada ecológico, pero para los fans es un recuerdo muy top. En estos casos, el precio suele incrementarse una media de ocho euros, así que fíjate bien cuando hagas la compra.

¿Y SI NO LO CONSIGO?

«¡Horror! Me he quedado sin entradas». Si por lo que sea no has podido hacerte con la tuya y ahora solo quieres llorar de pena: STOP. **Aún quedan oportunidades de conseguirlo.**

Veamos cuáles:

1. **Nueva tanda de entradas por ajustes de producción.** Muchas veces, el número de entradas que se pone a la venta se acaba ampliando con el paso de los días, cuando los organizadores ven que hay zonas del recinto que no van a ocupar con el montaje. De ahí que alguna vez hayas leído lo de «nuevas entradas a la venta por ajustes de producción».

2. **Anuncio de una segunda fecha.** Si el artista hace un sold out estrepitoso, es muy probable que se anuncie otra fecha al día siguiente en el mismo recinto.

3. **Reventa oficial.** Existen lugares de reventa oficial, lo que se llama Fan to Fan, donde los tickets vuelven a estar disponibles por el mismo precio al que se vendieron.

4. **Entradas Last Minute.** Se trata de esperar al último momento para conseguir tu entrada. Y cuando digo «último momento», me refiero a pocas horas antes del show. En ocasiones, aparecen entradas que han quedado liberadas porque estaban reservadas para compromisos que finalmente no irán, por ejemplo, o que no se podían vender porque tenían que comprarse en paquete (esto pasa mucho con los tickets de grada).

5. **Sorteos y concursos.** ¡No los pierdas de vista!

¡QUÉ LÍO DE ENTRADAS!

Te habrás dado cuenta de que en las grandes giras hay diversos tipos de entradas disponibles. Más allá de las de grada, que obedecen a las instalaciones del recinto y que aumentan de precio cuanto más cerca del escenario están, la pista puede quedar dividida en diversos compartimentos donde cada entrada es un mundo. ¿Y qué es lo que hace que cuesten más o menos dinero? La proximidad al escenario, es decir, al artista.

» La pista puede quedar dividida en dos: **GA** (admisión general) y **Front Stage** (delante del escenario). Es decir, hay un cupo de personas que tendrán acceso a un espacio delimitado delante del escenario, mientras que el otro estará en la pista general, a partir de la valla metálica que los separe del Front Stage. Robbie Williams, Maná, Shakira o Karol G son algunos artistas que ya han hecho giras con esta división de la pista.

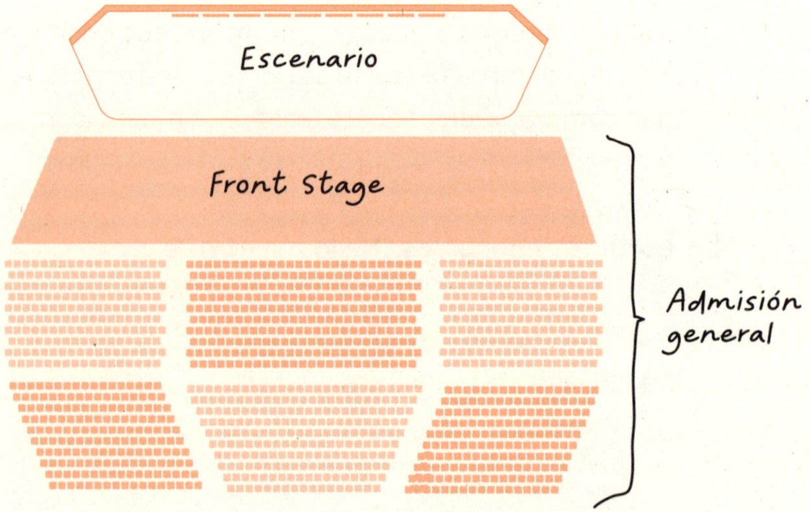

Si el montaje lo permite, pueden aparecer subcategorías de entradas. El Celebration Tour de Madonna tenía tal cantidad de tipos de tickets que era necesario habérselos estudiado para entender a qué correspondía cada uno.

> En este caso, el Front Stage también se dividía en zonas que subían de precio cuanto más cerca del escenario se estaba.

- El otro gran tipo de entrada es la de **grada.** Los precios de estos tickets variarán en función de lo cerca que estén los asientos del escenario, así como de la altura. Es decir, un primer piso será mucho más caro que el tercero (desde donde se verán a los artistas más chiquititos); de la misma manera, aquellas entradas que estén pegadas al escenario costarán más que las que estén en la otra punta del estadio. Por suerte, en estos recintos tan grandes normalmente se colocan pantallas para que los fans de las graderías más alejadas puedan ver lo que ocurre en escena.

- ¿Has oído hablar de los **Golden Circles**? Este tipo de entrada es la más valiosa para los fans. Aparece cuando el escenario principal cuenta con una pasarela o tiene forma de rosquilla (con un agujero en medio). Aquellas entradas que estén pegadas a la pasarela o dentro del agujero de la rosquilla son las Golden y te dan una experiencia cercana al artista a más no poder. El famoso 360º Tour de U2 (2009-2011) en el que una araña gigante cubría el escenario principal, situado en el centro de la pista, contaba con este tipo de entradas. Quienes estaban debajo de las patas de la araña veían a los artistas más cerca que nadie.

» Y luego están los paquetes **vip.** Otro mundo aparte. Se trata de un tipo de paquetes que cuestan más dinero y que ofrecen servicios como aparcamiento, acceso a la zona vip para consumir bebidas y comida, asientos con visión privilegiada, algún objeto de merchandising... Cada paquete vip especifica qué incluye. ¡Pero, ojo! Hay quien cree que ese ticket te permite conocer al artista, y no suele ser así. Revisa detalladamente qué aspectos cubre este tipo de entrada para decidir si te interesa o no.

» Por otra parte, los **Early Birds** son aquellos tickets que permiten un acceso al recinto previo al resto de gente. Suelen ser de cantidad limitada y están destinados a las entradas de pista. Cuanto antes entres, más cerca del escenario estarás. El precio, obviamente, aumenta, aunque no suelen ser cantidades abrumadoras y muchos fans optan por ellos, así que se agotan rápido. ¡Préstales atención!

» Tampoco podemos olvidarnos de las entradas con **visibilidad reducida.** ¿Esto qué significa? Pues que son tickets que, por ejemplo, están en un lateral del escenario y hacen que veas al artista todo el rato de lado. Otro ejemplo son aquellas entradas que tienen columnas o partes de la infraestructura del recinto delante y que, por tanto, son un impedimento para el disfrute visual al cien por cien. La parte positiva de este tipo de tickets es que son más baratos, por lo que si tu prioridad es la parte sonora y no la visual, son una buena opción.

> También hay que saber que, en algunas ocasiones, lo que en el mapa consta como un lateral de visibilidad reducida puede ser una entrada muy top. Todo depende del montaje que lleve el artista y de cómo quede configurado todo el stage.

» También existen las entradas de **visibilidad nula,** aunque no son muy habituales. El nombre lo dice claro: no ves nada. Lo que debes saber es que si tu entrada no te permite ver bien y eso no se indicaba en el ticket a la hora de la compra, tienes derecho a reclamar. Haz fotos para poder demostrarlo y ponte en contacto con la organización del evento (y si puedes buscar a alguien del *staff* justo en ese momento, mejor. Es posible que te ayuden y te recoloquen en un sitio más cómodo para que disfrutes de la experiencia).

TIPO DE ENTRADA	¿QUÉ ES?	PROS	CONTRAS
GA	PISTA DE PIE	Puedes bailar y moverte libremente	**Es difícil estar cerca del escenario y puede ser agobiante estar entre la multitud**
FRONT STAGE	PISTA DELANTE DE TODO	Ves al artista supercerca y puedes ir al baño o a comprar bebida sin miedo a perder la zona privilegiada Está limitado a un número concreto de gente	**Valen más caras que las GA**
GRADA	ASIENTOS	No te cansas y puedes dejar tus pertenencias con comodidad Nadie te quita el sitio, es único	**Tienes limitados los movimientos** **Según en qué zona estés, lo verás desde muy lejos**
GOLDEN CIRCLE	ESPACIOS ALREDEDOR DEL ESCENARIO	Tienes un lugar privilegiado cerca de los artistas	**Los precios son elevados y hay pocos tickets disponibles**
VIP	PAQUETE CON EXTRAS	Tienes ventajas y regalos	**Suelen ser caras**
EARLY BIRD	ENTRADA PRIORITARIA	Llegarás de los primeros y podrás colocarte donde quieras	**Son más caras**
VISIBILIDAD REDUCIDA	NO VES EL SHOW AL CIEN POR CIEN	El precio es más barato	**No puedes disfrutar de la experiencia visual completa**
VISIBILIDAD NULA	NO VES NADA DEL SHOW	Entradas más baratas y poco codiciadas	**Te pierdes toda la parte visual del espectáculo**

LA ANSIADA PRIMERA FILA

Famosas son las escenas de conciertos multitudinarios donde las cámaras graban a los fans que están en primera fila, gritando y cantando como posesos a la vez que miles de personas se agolpan tras ellos. ¿Has imaginado alguna vez cómo es vivir un concierto desde «la valla», como la llamamos los concierteros?

Aquí te dejo un listado de ventajas e inconvenientes de la primera fila de entrada en pista, es decir, de pie y contra la valla. Con estos datos, ¡decide si estás preparado para esta experiencia o si es demasiado para ti!

VENTAJAS DE LA VALLA

- » Lo ves TODO, incluso las gotas de sudor que le resbalan al cantante por la frente.
- » Tienes más posibilidades de interaccionar con los artistas.
- » ¡Y te pueden tocar!
- » No hay nadie delante que te moleste, ni por ser más alto ni por ponerte el móvil en la cara.
- » Podrás esperar sentado a que empiece el show.
- » Si te encuentras mal o necesitas pedir una botella de agua, la gente de seguridad te verá al instante porque los tendrás delante.
- » Tus vídeos y fotos serán una auténtica maravilla.
- » Nadie se te podrá colar. ¡La valla es el tope!
- » Por mucha gente que haya detrás de ti, siempre tendrás aire para respirar.
- » Te puedes apoyar en la valla y también colgar tu jersey.
- » Puedes colocar tu pancarta y es bastante probable que tu ídolo la lea.
- » Tal vez aparezcas en las fotografías y vídeos de prensa y de promoción del artista.

INCONVENIENTES DE LA VALLA

» Tienes que hacer muchas horas de cola para llegar.

» También tendrás que correr cuando abran las puertas; piensa que es el sitio más codiciado.

» Te pierdes parte del espectáculo visual y escenográfico. Al estar tan cerca, no tienes perspectiva.

» A veces el sonido es demasiado fuerte por la cercanía de los altavoces.

» Puedes sentirte un poco aplastado por los empujones de la gente que está detrás.

» Si eres de las personas que se cansan estando mucho rato de pie..., no es para ti.

» Si necesitas ir al baño..., ¡que la fuerza te acompañe!

» Serás el último en salir... Tendrás que esperar hasta que el público desaloje.

» El movimiento de los focos, que apuntarán directamente sobre tu cara, puede ser molesto.

» Es difícil que bailes, la verdad.

LA FAMOSA REVENTA

Antiguamente, cuando las entradas se compraban físicamente, era habitual ver a estas personas en el recinto el mismo día del concierto revendiendo esos tickets por encima de su valor oficial. El boca a boca también funcionaba y, cuando se hacía sold out, el precio de estas entradas aumentaba de forma escandalosa.

Con la venta digital, la práctica ha cambiado, pero sigue existiendo. A través de páginas de anuncios o redes sociales, hay personas que ofrecen sus entradas, pero hay que tener cuidado porque **gran parte de ellas son un timo.**

¿CÓMO DETECTAR UN SITIO DE VENTA DE ENTRADAS FRAUDULENTO?

Para no caer en engaños, debes tener en cuenta lo siguiente:

» Si te están pidiendo más dinero de lo que costó la entrada, no la aceptes. Esa persona está haciendo negocio con el ticket y eso es ilegal. Si es un fan real que no puede ir, te la venderá por el precio que le costó, que es lo justo.

» Sospecha de todas las opciones de venta de entradas que te aparecen en primer lugar en el buscador de internet con la etiqueta de «Publicidad».

» Echa un ojo al cartel del concierto y verifica a través de la página web de la promotora cuál es el sitio oficial de venta de entradas.

» Cuando veas anuncios del tipo «Vendo boli y dos entradas de regalo» estás ante alguien que revende entradas sin garantías.

DATO: Solo en Reino Unido, la reventa de entradas de The Eras Tour de Taylor Swift ha supuesto 1,2 millones de euros estafados. En el 90 por ciento de los casos los estafadores actúan a través de anuncios falsos en las redes sociales.

¿Cómo frenarlo?

Esa es la gran preocupación de las tiqueteras y empresas oficiales, y por eso se han ido implementando **métodos para evitarlo:**

- » Limitar el número de entradas que una persona puede adquirir: seis, cuatro, dos o una.

- » Que las entradas sean nominativas, es decir, que solo pueda entrar la persona que ha hecho la compra o aquellos cuyos datos haya introducido en el momento de la compra. En este caso deberá enseñarse el DNI en el acceso.

- » Códigos únicos para comprar la entrada previo registro a una base de datos. Esto dificulta el proceso de compra y obliga a dejar constancia de quién está comprando el ticket.

- » Facilitando la venta Fan to Fan en plataformas oficiales donde la entrada se revende de forma segura al mismo precio al que se adquirió.

Las tiqueteras y las promotoras trabajan en métodos para evitar que la reventa siga siendo una realidad en la que ciertas personas estafan a los fans para ganar dinero. Y lo peor, sin ningún tipo de garantía de que esa entrada sea real: Así que es superimportante **no comprar en estas webs de reventa** y utilizar solo los intercambios Fan Tto Fan disponibles en las propias tiqueteras oficiales.

CUIDADO: Las páginas de reventa son ilegales, pero siguen abiertas engañando a la gente. Pueden cobrarte quinientos euros por una entrada que costaba cien y, en el mejor de los casos, verás el concierto tras pagar cinco veces más por tu ticket. Pero también puede ocurrir que sea falsa o que hayan vendido el mismo ticket a diez personas, con lo que solo entrará la que haya llegado primera al recinto y a quien hayan escaneado primero el código. Y por mucho que reclames en la puerta del show, al ser entradas adquiridas en un sitio no oficial, no tendrás ningún tipo de protección.

EN CONCLUSIÓN, COMPRAD SIEMPRE LAS ENTRADAS EN SITIOS OFICIALES.

Los precios..., ¡qué locura!

La ley de la oferta y la demanda es la que rige nuestra sociedad y si hay mucho interés en cierto producto, este se revaloriza y sube de precio. Tras la pandemia, las ganas de asistir a conciertos en directo han aumentado, ya que la gente quiere vivir esa experiencia única, sea más o menos fan del artista al que va a ver. Y, claro, eso afecta a los precios y hace que las entradas sean más caras.

¿SABÍAS QUE...?

Hay tiqueteras que te ofrecen la opción de pagar las entradas a plazos. ¡Muy fuerte!

No obstante, también hay que tener en cuenta que los **costes de producción** de las giras han aumentado y que no resulta nada barato montar un concierto. Hay muchas partidas que tener en cuenta (alquiler de infraestructuras, seguros, contratación de personal, logística, dietas, escenografía, alquiler de recintos, el caché de los artistas...) y el *ticketing* es una fuente de ingresos muy importante.

A todo esto, hay que añadir la práctica de los **precios dinámicos,** algo que ya se ha asentado en lugares como Estados Unidos y que no beneficia al fan para nada. ¿Qué quiere decir? Pues que el precio de las entradas varía en función de la demanda que haya, algo que el algoritmo detecta al momento. Si mucha gente quiere ir, los precios suben. Así de simple.

IMPORTANTE: Cuando compras un ticket no solo pagas su valor, sino también unos gastos de gestión. Aunque puedes encontrar tiqueteras que los añadan al precio total que te muestran, la mayoría los incluyen cuando estás a punto de pagar y, ¡oh, sorpresa!, resulta que tu pago asciende unos eurillos más. Tenlo en cuenta para que no te pille con el dinero justo y por culpa de esa pequeña diferencia no puedas adquirir tu entrada.

GESTIÓN DE LAS ENTRADAS

Cada vez se compran menos entradas físicas, esa es una realidad. Entre las muchas ventajas que esto tiene, está la de no tener que pensar dónde vas a guardarla hasta el día del concierto para que no se te pierda. Ahora bien, también puedes perder tu ticket electrónico en el mar de tus emails. ¿Qué hago yo para que eso no me pase?

» En cuanto la compro, confirmo que la he recibido en mi correo electrónico.

» La guardo en una carpeta del correo que se llama CONCIERTOS 202X (el año en el que estemos).

» La descargo y la guardo en otra carpeta, esta vez de mi portátil, que se llama ENTRADAS (así ya la tengo localizable en dos lugares).

» Me la mando a mí misma por WhatsApp (ya la tengo en tres sitios).

Cuando compro entradas para ir en grupo, repito el mismo proceso y además reenvío el email a todas las personas interesadas y se las paso a ellas por WhatsApp. Asegúrate, eso sí, de enviarles solamente su ticket (no todos) y de que asignas uno distinto a cada persona (no mandes el mismo a dos). ¿Cómo? Fíjate en la numeración que lleva cada entrada.

Si tus entradas son de las que no están disponibles hasta poco antes del evento, no tienes de qué preocuparte porque estarán localizables y a buen recaudo en tu perfil de la web de venta. Eso sí, apúntatelo antes de entrar en *panic attack* cuando las busques en tu mail y no las veas.

CUIDADO: Existe una opción de envío de la entrada a casa por correo postal y, por lo general, el precio se incrementa bastante (yo he llegado a pagar treinta y cinco euros de más por recibir unos tickets comprados en una web alemana). A la hora de comprar, y con las prisas por no quedarte sin entrada, puede que tengas marcada esa opción y no te des cuenta.

¡REVISA BIEN TODO ANTES DE IR AL PAGO PARA NO GASTAR DINERO DE MÁS!

¿SABÍAS QUE...?

Muchos festivales y webs tiqueteras te dan acceso a tus entradas a través de una app propia. Tendrás que bajártela para ver tu ticket, así que asegúrate de hacerlo en casa con tranquilidad y no en la puerta del recinto con los nervios a tope.

¿Y SI NO PUEDO IR AL CONCIERTO?

Hay personas que, por diversos motivos, ya sean de salud, económicos, de movilidad, etc., no pueden asistir a conciertos. Existen algunas alternativas para disfrutar de este tipo de espectáculos, y aunque la experiencia no es idéntica, de igual manera tienes la posibilidad de escuchar las canciones y ver el show de tus ídolos.

¿CÓMO?

Aquí te dejo una lista de opciones:

» **En los cines.** Cada vez más artistas exhiben en salas de cine sus conciertos. Taylor Swift y Harry Styles, entre otros, ya lo han hecho. Tan solo hay que estar atento a las comunicaciones de los grupos (redes sociales, web, etc.) y ver si anuncian alguna proyección.

» **DVD.** Casi todos los cantantes y grupos llevan un equipo de grabación profesional para grabar imágenes de la gira y luego componer un DVD especial sobre el tour que sacarán a la venta una vez finalice.

» **Plataformas.** Muchas plataformas de contenidos incluyen en sus catálogos conciertos a modo de documental.

- **Redes sociales.** Las cuentas de fans comparten clips y lives de los shows de sus ídolos, la mayoría en tiempo real. Si los sigues, sentirás que estás en el concierto y vivirás los momentos más top (y virales) de la noche.

- **YouTube.** Muchos fans graban secciones de canciones y las cuelgan en sus cuentas de YouTube. Si filtras por el nombre del tema, el de la gira y por la fecha, te aparecerán los vídeos que hayan subido. ¡Y desde diferentes perspectivas!

CLUB DE FANS

Los clubs de fans nacieron como forma de agrupación entre seguidores de un mismo artista. Estos grupos se comunican con los socios (o, más bien, seguidores) a través de las redes, newsletters o canales de WhatsApp, y el flujo informativo es constante e instantáneo.

¿Por qué es interesante ser miembro de un club de fans?

» Porque recibes información actualizada y oficial de tu artista (nada de bulos).

» Por el acceso a las preventas de entradas.

» Por los descuentos en tickets y en merchandising.

» Por los foros, en los que puedes conocer a otros socios cerca de ti.

» Por los sorteos exclusivos que hacen.

» Por los *meet & greets* que se puedes conseguir.

» Por las acciones especiales que organizan: fiestas, quedadas, salidas para ir a un concierto en grupo...

¿Todos los fans son iguales? Sí y no. Es evidente que no todos los seguidores de un artista se expresan igual, invierten el mismo dinero en merchandising, acuden al mismo número de conciertos (incluso hay fans que no van a shows en vivo porque no sienten esa necesidad) o se saben todos los datos relacionados con su ídolo. **Cada persona lo vive de forma distinta,** y todas son válidas.

QUIZ EXPRESS: ¿QUÉ CLASE DE FAN ERES?

1. ***Suena tu canción favorita en una tienda. ¿Qué haces?***

   A) La tarareo mentalmente mientras hago mis compras.

   B) Me pongo a bailar como si estuviera poseída. ¡Es inevitable!

2. ***Vas al concierto de tu grupo favorito. ¿Cómo es tu outfit?***

   A) Cómodo y sencillo: unos vaqueros y una camiseta de algodón.

   B) Con todos los complementos que llevo preparando desde hace meses: camiseta con el nombre de mi banda, brillitos en la cara, una falda de estreno...

3. ***Tienes entrada de pista para tu banda favorita. ¿A qué hora llegas al show?***

A) Con una hora de antelación me basta y me sobra.

B) Diez horas antes de que abran las puertas. ¡Necesito estar en la valla!

MAYORÍA A:
Te encanta la música de ese grupo, pero eres más *low profile* en cuanto a manifestar tu sentimiento fan.

MAYORÍA B:
Puedes considerarte un *die-hard* fan. ¡Todo por tus ídolos y que el mundo entero lo sepa!

Mención aparte merecen las **fan actions** que tan de moda se pusieron a principios de la década de los 2010 y que muchos fandoms han integrado como parte ritual de su día a día como fans. Este concepto se refiere a acciones diseñadas por grupos de seguidores que tienen un objetivo: promover un proyecto del artista, lograr la mayor cifra de reproducciones de una canción el día de su estreno o mostrar el apoyo incondicional al ídolo en algún momento complicado de su vida.

HABLEMOS DE LAS RIVALIDADES

Porque haberlas, las hay. Como en la vida real, en un fandom hay gente que se lleva bien y otra que no tanto, y es habitual que haya encontronazos. Puede ser por el manejo de una cuenta de fans o porque un determinado grupo de seguidores tiene más contacto con el artista que otro. En estos casos, te recomiendo lo siguiente:

- » Pasa de los salseos y no te metas en discusiones. Ve a tu rollo y disfruta de lo tuyo.
- » No fomentes el hate. Si alguien te viene con historias, dile que no te interesa y déjalo ahí, no continúes difundiendo información que no tiene que ver contigo.
- » No intentes fastidiar a nadie. Es decir, no sueltes bulos sobre otras personas ni les quites el sitio en un concierto si estaban antes que tú.
- » Alégrate por los éxitos ajenos. Que un fan pueda ver muchas veces a su ídolo es maravilloso. En vez de lanzarle hate en redes, felicítale por ello.
- » No hables con los artistas sobre los malos rollos entre fans. Evita quedar como una persona chismosa ante tu ídolo.
- » Céntrate en lo positivo: en lo que la música te hace sentir, en las amistades que tienes gracias a ello, en el viaje que vas a hacer para ir a un concierto...

En definitiva, no te metas en jaleos que van más allá de lo musical y disfruta de lo maravilloso que es ser fan e ir a conciertos.

CONCIERTOS EN SOLITARIO, ¿POR QUÉ NO?

Ya tienes decidido que vas a ir a ver a tu cantante favorito, pero... ¡sorpresa!, no tienes con quién. ¡Tranquilidad! Que este pequeño detalle no altere el subidón del momento.

Sí, sabemos que acudir a un concierto es, en la mayoría de los casos, un evento social. Puedes ir con tu grupo de amigos, con otros fans que conoces de redes sociales, con algún familiar, con tu pareja..., pero **también puedes ir solo.** Y no pasa nada.

¿Qué es lo importante? Disfrutar del show, y para eso no te hace falta nadie. Además, ir en solitario a un concierto tiene sus ventajas:

- Tú eliges el tipo de entada que quieres, sin tener que llegar a acuerdos porque alguien del grupo no quiera gastarse treinta euros más en un ticket mejor o porque quiera estar sentado y tú de pie.
- Puedes ir a hacer cola a la hora que quieras. Lo decides tú.
- Es más fácil hacerte hueco en la zona de pista.

- Puedes hacer nuevos amigos que, además, comparten la misma afición que tú. Al estar solo, estarás más predispuesto a hablar con desconocidos.
- Pondrás mayor atención en lo que ocurre en el escenario porque todos tus sentidos estarán puestos en el show. Quieras o no, siempre que vas con alguien comentas cosas, por no hablar de ese tipo de gente que lo comenta todo. Al ir solo, eso que te ahorras.
- Conectarás mejor con tus emociones y sentidos. Será un momento muy tuyo, más especial aún si cabe.

En definitiva, ir sin compañía a un concierto te da mayor libertad de movimientos y de decisión. Y si viajas al extranjero para el show, todo esto también se puede aplicar a hacer turismo. Podrás ir adónde quieras en el momento que quieras y guardar esa experiencia como algo único.

¿CÓMO ME VOY DE GIRA CON MI ARTISTA FAVORITO?

Si eres un *die-hard* fan, no hay mayor sueño por cumplir que hacer una gira completa de tu grupo o artista favorito. Se trata de organizarse bien la vida y viajar para asistir al máximo número de conciertos que te sea posible. Aunque dicho así suena un poco a locura, son muchísimos los fans que lo hacen.

A continuación, vamos a ver paso a paso cómo montártelo para hacer el tour (o un poquito de él) de tus mayores ídolos.

1. **Presupuesto.** Es importante saber con cuánto dinero cuentas para la aventura. Piensa que, más allá de las entradas, hay que pagar alojamiento, dietas y desplazamientos, por no hablar de pequeños gastos que puedan surgir, como en cualquier otro viaje.

2. **Calendario.** Decide a qué conciertos quieres asistir en función del calendario de gira. ¿Te cuadran con los días libres que tienes? ¿Te da tiempo a desplazarte de un sitio a otro? Estas son las preguntas básicas que debes hacerte durante la planificación.

3. **Traslados.** ¿Qué necesitas para ir hasta las ciudades de los shows? No es lo mismo subir a un avión que moverse en tren o coche. Valóralo según las distancias y teniendo en cuenta los tiempos con los que cuentas entre concierto y concierto.

4. **Alojamiento.** ¿Deberías reservar antes de tener las entradas? Si puedes, sí. Así te aseguras un precio más barato. Ahora bien, hazlo con cancelación gratis, por si hubiera un cambio de planes y al final no fueses a esa ciudad.

5. **Balance de gastos.** Llegados a este punto, y antes de comprar las entradas, haz un cálculo orientativo de cuánto llevarías gastado teniendo en cuenta los puntos anteriores y reservando una parte del dinero para la comida (luego hablaremos de las opciones de alimentación con las que cuentas). Ahora tendrás un presupuesto más realista y será el momento de reajustar el tour:

   ¿te has pasado de gastos
   y tienes que reducir conciertos
   o puedes añadir alguno más a la lista?

6. **Entradas.** Ahora sí, es el momento de la verdad. ¡Hazte con tus tickets!

COSAS QUE TENER EN CUENTA

» Irse de gira siguiendo a tus ídolos es bastante cansado. Recuerda guardarte un día libre una vez hayas regresado a tu casa.

» Si viajas al extranjero, puede que necesites algún tipo de visado o permiso para entrar en algunos países. Revisa todo bien y con tiempo para tener margen de maniobra y pedir la documentación que se requiera. ¡Y recuerda! Las escalas también cuentan: si viajas a Florida, por ejemplo, y tu avión hace escala en Toronto, vas a necesitar el eTA canadiense para poder estar en el aeropuerto.

» Habla con tu banco para asegurarte de que no tienes límites en tus tarjetas y para avisarles de que vas a estar haciendo operaciones en el extranjero (si es que vas fuera de tu país).

» Los seguros de viaje son importantes, sobre todo en determinados países. Nunca sabes qué te puede pasar, así que es mejor ir cubierto. Si viajas por la Unión Europea, no olvides sacarte la tarjeta sanitaria que te permitirá ser atendido en cualquier hospital de la zona sin coste alguno.

» ¿Qué moneda se usa? Si tienes que hacer un cambio de divisas, averigua dónde te sale más rentable hacerlo en función de las comisiones: ¿en el banco, en el aeropuerto, en la misma ciudad de destino?

EL TRANSPORTE, como ya hemos visto, dependerá de la distancia que tienes que recorrer para ir al concierto. Es evidente que, si el show es en Islandia, deberás coger un avión sí o sí. Ahora bien, ¿qué pasa si vas a hacer la gira por diversas ciudades de Alemania?

» Una opción es trasladarse hasta la primera ciudad en avión y luego moverse por el país usando el tren o un coche de alquiler. El sistema ferroviario suele ser más barato y te ahorra el tema de aparcar, además de que es más cómodo porque te llevan.

» Otra forma de moverse es mediante autobús. Los trayectos se hacen más largos, pero si quieres ahorrar dinero es una buena apuesta, ya que los billetes son más baratos que los de tren.

CONSEJO: Intenta llegar a los sitios con cierto margen de tiempo para no estresarte. Si el concierto es a las nueve de la noche, no compres un billete de tren que llegue a las siete, porque si pasa cualquier imprevisto, te perderás el show.

No olvides...

Usar el transporte público. Autobuses, metro, trenes ligeros, tranvías... Las ciudades cuentan con unas redes de transporte público generalmente muy completas que, por un módico precio, te llevan a todos sitios.

Sin embargo, revisa los horarios, no sea que cuentes con ellos para volver a casa y que al salir ya hayan finalizado sus servicios.

¿CÓMO ELEGIR ALOJAMIENTO? Esta es una de las preguntas importantes que debes hacerte. Sí, el precio es una de las cosas que debes valorar, y este variará en función del tipo de hospedaje por el que optes:

» **Hotel:** tienes de varias categorías, así que hay mucho donde elegir.

» **Hostal:** más baratito (y probablemente más sencillo), pero es una buena opción para ahorrar.

» **Albergues:** no recomendables para todo el mundo. Por lo general, compartes habitación con desconocidos y dispones de una taquilla donde guardar tus pertenencias. Suelen ser habitaciones grandes con capacidad para unas veinte personas que duermen en literas. En algunos tienen horarios de entrada y salida. Sin duda, la alternativa más económica.

» **Apartamentos:** una buena opción si vas en grupo. Tienes libertad para entrar y salir cuando quieras. Además, al disponer de cocina y nevera, puedes hacer una compra en el supermercado y prepararte las comidas allí, y de esta manera ahorrarás dinero.

» **Camping:** No hay que olvidarse de esta opción, aunque no suele ser muy cómoda. Por lo general, los campings están a las afueras de las ciudades y el traslado hasta el recinto resulta más engorroso. Además, tampoco suelen estar bien conectados con el transporte público.

CONSEJOS

1) Elige el alojamiento cercano a un punto de interés en función de tus necesidades. Por ejemplo, ¿tienes un vuelo a primera hora de la mañana? Pues reserva uno que esté cerca del aeropuerto.

2) Otra opción recomendable es alojarse en la zona del recinto del concierto, así al salir no tendrás problemas con el transporte para volver. Como suelen estar alejados de las zonas céntricas, los hoteles tienden a ser más baratos. Comprueba las distancias antes de reservar.

3) ¿Desayuno? Si la opción no viene incluida en el precio, te recomiendo que desayunes fuera. La mayoría de las veces, el extra que te cobran por él es bastante alto, así que si vas a desayunar fuera podrás encontrar opciones más baratas y variadas. Piensa que puedes ir a una cafetería, pillar tu café y algo de comer en un puestecito callejero (muy típico en ciudades como París, por ejemplo) o comprar algo en el supermercado más cercano.

¿Y PARA COMER, QUÉ? Irte de gira a otros lugares te da la oportunidad de conocer gastronomías distintas a la del sitio donde tú vives. Pero si vas justo de dinero, esta es una de las partidas en las que puedes ahorrar. Puedes ir a restaurantes, a lugares de comida rápida, puedes comprar en un supermercado o puedes tirar de apps de comida a domicilio.

Un detalle importante para tener en cuenta es que hay países en los que los horarios son distintos y las horas de comida se adelantan. Por ejemplo, en Alemania se cena entre las seis y las siete de la tarde, lo que en España viene siendo la hora de la merienda. Tenlo en mente, sobre todo el día del concierto. Es posible que, cuando salgas, no haya nada abierto y te estés muriendo de hambre. Ten previsión y déjate algo en el hotel para cuando regreses con las tripas rugiendo.

TURISMO CONCIERTERO

Cada vez se está expandiendo más la costumbre de viajar a otras ciudades para asistir a un concierto. Lo que antes solo hacían los fans más apasionados, ahora es una práctica del público general. ¡Turismo conciertero!

¿Cómo puedes aprovechar al máximo tus horas en otra ciudad? Todo depende de la entrada que tengas, ya que, si tienes pista, es posible que quieras ir a hacer cola. Sea como sea, siempre puedes sacar un ratito para ver algo, así que ten en cuenta lo siguiente:

- » Llega el día antes y así tendrás tiempo de visitar algo por la tarde/noche (hay ciudades que iluminan sus monumentos y las vistas nocturnas son una maravilla, como Roma, por ejemplo).
- » Madruga y ve a desayunar a alguna cafetería del barrio en el que estés. Te servirá para empaparte del ambiente local y probar platos distintos.

- » Localiza qué puntos de interés hay cerca de tu hotel y haz una visita exprés hasta la hora de comer. Así tendrás tiempo de regresar al hotel, descansar un poco y prepararte para el show. Los buses turísticos también son muy buena opción en estos casos: en tres o cuatro horas te hacen un tour por los lugares más importantes.

- » ¿Por qué no haces turismo al salir del show? Los conciertos suelen acabar sobre las once de la noche, así que puedes aprovechar el subidón del directo e ir a ver las zonas más bonitas de noche.

¿SABÍAS QUE...?

Hay agencias de viajes especializadas en organizar tours y salidas relacionadas con música y conciertos. En función de tus intereses, diseñan rutas por puntos clave para los amantes de la música o te llevan a espectáculos relacionados con el género musical que más te guste. ¡Los hay hasta de música clásica!

ECONOMÍA CONCIERTERA:
SI QUIERES, PUEDES

Se trata de planificarse y ahorrar con tiempo. Si sigues a un grupo o cantante, sabrás en qué fase se encuentra: si está preparando disco, si está de gira o si está descansando. Todos sabemos que un nuevo disco siempre viene acompañado de un tour de presentación, así que, en el momento en que nos enteramos de que se está cocinando un nuevo álbum, ya podemos **empezar a ahorrar** para el día en que salgan las entradas a la venta.

¿SABÍAS QUE...?

Una fan de Beyoncé llamada Leila, residente en los Países Bajos, comenzó a ahorrar diez años antes de la gira Renaissance (2022-2023) para afrontar los gastos de entradas, viajes, alojamientos, outfits y experiencias VIP. Su testimonio, y el de otros seguidores similares, apareció en los medios de comunicación como ejemplo de la devoción que muchas personas sienten por la artista.

Cada persona tiene su situación y sabe qué cantidad de dinero puede ahorrar al mes. De la misma manera, cada uno tiene sus prioridades y decidirá en qué invertir ese dinero. No obstante, lo cierto es que los precios de las entradas han ido aumentando en los últimos años y que algunos fans tienen que renunciar a los lugares más cercanos al escenario porque no pueden hacer frente a los costes.

¡MUY FUERTE!
Los datos presentados por Gold Top Media Ltd confirmaron que un 33 por ciento de los asistentes a conciertos del Reino Unido pagaron sus entradas con planes de financiación.

Hay muchas formas de obtener **dinero extra** para financiarse una gira de conciertos, aunque no todo el mundo tiene esa posibilidad. Por ejemplo, tener dos trabajos a la vez que permitan aumentar las ganancias y ahorrar. Los trabajos desde casa son ideales en este sentido.

Muchos fans deciden abrirse cuentas de ahorro donde destinan el dinero para conciertos que, llegado el día, invertirán en las compras de tickets, hoteles, etc. Hay otros que, sin otra alternativa, deciden pedir créditos como si financiasen un coche o un bien material. Cada uno puede optar por la forma que más le convenga.

ACAMPAR PARA UN SHOW: LO QUE DEBES SABER

En los últimos años se ha puesto de moda acampar a las puertas del recinto días e incluso semanas antes del show. De nuevo, la organización es clave para no morir en el intento. Ahora, con las redes sociales, resulta bastante sencillo. A través de los clubs de fans o de las cuentas de apoyo de más peso, se puede conectar con otros seguidores que quieran hacer noche para asegurarse un buen sitio en el recinto.

Si quieres acampar, debes ir **bien preparado** para estar lo más cómodo posible. ¿Qué necesitas?

» **Tienda de campaña,** en caso de que te dejen montarla. Hay recintos que no las permiten, así que te tocará pasar la noche al raso.

» **Sacos de dormir** para taparse bien. Si el concierto cae en invierno, las temperaturas pueden descender mucho por la noche y contar con sacos y mantas, además de ropa térmica, será indispensable.

» **Parasoles/sombrillas/paraguas.** Cualquier cosa sirve para protegerse del sol y de la lluvia. ¡Ah! Y no olvides llevar gorra y protector solar.

» **Agua.** Es superimportante hidratarse durante las horas de cola, sobre todo cuando los conciertos se celebran en lugares donde hace mucho calor.

» **Comida.** Las horas de cola son largas y el hambre siempre ataca. Además, hay que nutrirse para tener energía, que después de la cola aún quedarán unas cuantas horas hasta el inicio del show.

» **Móvil bien cargado y baterías portátiles.**

» **Flotadores o cojines** para las horas sentado en el suelo. Tu trasero lo agradecerá.

Después de saber cuál es el kit básico para acampar, hay otros elementos que tener en cuenta para que la aventura funcione. Y es que el respeto por el orden de llegada en la cola es esencial para que la convivencia sea buena.

Como es obvio, una misma persona no puede estar haciendo cola 24/7 durante dos semanas. Por eso se establecen turnos, es decir, varias personas hacen un grupo y se van rotando y alternan su presencia en la cola con sus actividades diarias (ir a clase, a trabajar, dormir en casa, etc.).

¿SABÍAS QUE...?

Uno de los sistemas más comunes para garantizar el orden es asignar un número a las personas a medida que llegan a la cola. De esta manera, no hay posibilidad de confusión. Eso sí, quien se encargue de organizar esta dinámica debe ser imparcial y objetivo, siendo honesto con los turnos de llegada.

Una de las cosas más importantes al llegar a hacer una cola es **informar de cuántas personas estarán en ese sitio.** Es decir, si sois dos amigos quienes vais a estar haciendo el turno para un total de cuatro, hay que especificarlo y dejar constancia de ello en un documento común (puede ser una libreta o una nota compartida en el móvil). En este sentido, hay que usar la lógica: dos personas no pueden estar guardando turno para diez, porque es injusto para quienes están detrás. Lo ideal es buscar el equilibrio: si los asistentes en grupo son seis, con tres personas en la cola bastará.

No obstante, cada fandom establece sus reglas y, si se habla, se puede llegar a acuerdos.

Hay colas más flexibles que permiten que haya menos gente para así hacer turnos más cortos, por ejemplo, y que no sea tan cansado estar esperando.

Si has viajado por distintas ciudades para ir de concierto, sabrás que **no todos los recintos están situados en zonas de fácil acceso.** Mientras el Wizink Center de Madrid está en la avenida de Felipe II, un lugar rodeado de restaurantes y supermercados, el Palau Sant Jordi de Barcelona se encuentra en la montaña de Montjuïc donde no hay ni una tienda.

Esto es algo que tener en cuenta a la hora de planificar los suministros.

De todas formas, una buena opción es la de pedir comida para llevar con alguna aplicación. Supone una inversión económica más elevada, pero en caso de habernos quedado sin nada que comer y ante la imposibilidad de ir a comprar algo, siempre tendremos esa alternativa.

¿SABÍAS QUE...?

* Rihanna, Lady Gaga y Halsey son algunas de las artistas que han mandado alimentos a los fans que hacen cola para verlas.
* En 2009, Lady Gaga hizo un envío masivo de pizzas a toda la gente que esperaba en la calle para verla en Los Ángeles.
* En su gira Anti de 2016, Rihanna no solo dio comida a sus seguidores de Mánchester, que guardaban fila bajo la lluvia, sino que mandó toallas para que se secasen.
* En su concierto en Madrid en 2020, Halsey ofreció pizzas calientes a sus seguidores, que estaban a la intemperie en pleno mes de febrero. Además, al día siguiente les hizo llegar rosquillas dulces con chocolate. Los fans publicaron las imágenes en las redes sociales para mostrar su agradecimiento ante este gesto tan bonito.

Otro de los temas complicados es el de **ir al baño.** Si hay restaurantes o bares alrededor, siempre podremos acudir a uno de ellos, aunque es probable que nos hagan comprar algo para usar el aseo. Hay recintos que cuentan con un lavabo público, así que en ese caso no habría problemas.

LAS SANZERAS, LAS MÁS PRO

Hay fans que se han convertido en unas profesionales de las colas. Un grupo de *Sanzeras*, seguidoras de Alejandro Sanz, decidieron reservar una habitación de hotel al lado del recinto para ir a ducharse, al baño y a descansar. Este es un buen plan para hacer entre amigas en el caso de estar en una ciudad que no es la tuya o si vives lejos del recinto.

Las horas de espera son largas, sí, pero se puede pasar el tiempo de muchas maneras: jugando a las cartas, a juegos de mesa, escuchando música, haciendo bailes, grabando vídeos para TikTok, montando karaokes grupales... ¡y hasta cocinando! Eso sí, una vez se acerca la hora de la apertura de puertas, **hay que recogerlo todo.** Recolectar la basura y guardar sillas plegables, sacos de dormir y tiendas de campaña es algo primordial que no podemos pasar por alto.

IMPORTANTE

Asegúrate de que estás en la cola correcta. Parece una tontería, pero, como ya hemos visto, los recintos cada vez se dividen en más zonas con entradas distintas y, por lo general, cada ticket tiene un acceso concreto. Así que confirma que estás en el carril que te toca preguntando al staff o consultando las redes sociales (aunque lo habitual es que las tiqueteras manden un mail con un plano que muestra las distintas zonas de acceso).

Y llega el gran momento...

¡Se abren las puertas! Es muy difícil, pero hay que evitar empujar y presionar, y es preciso mantener la paciencia. Los controles antes de acceder al recinto pueden ser varios, no solo para chequear las entradas, sino para revisar las mochilas que llevamos. La normativa impide la entrada de determinados objetos a los recintos, así que te recomendamos que revises con qué se puede entrar y con qué no en tu próximo concierto. El último de los controles será el que nos dé acceso al lugar, aunque es posible que nos vuelvan a pedir la entrada. ¡Así que tenla a mano!

TIP PARA PROS

Lleva tus enseres en una mochila transparente, de esas de plástico, para que la revisión sea superrápida y puedas salir volando en busca de tu sitio.

IMPORTANTE: Muchas veces te piden el PDF original de la entrada, así que olvídate de los pantallazos y tenlo superaccesible en tu móvil. ¡Ganarás tiempo y eso significa estar unos metros más cerca del escenario!

Una vez llegues a tu destino final..., ¡disfruta de la espera! Aprovecha para ir al baño o para comer, y ten siempre contigo una botella de agua. Si vas sin compañía, pídeles a las personas que estén a tu lado que te guarden el sitio mientras no estés.

CONSEJO

Si vas a un recinto por primera vez, busca el plano y estudia los accesos. Si tienes asiento numerado no es necesario, pero si llevas horas haciendo cola para conseguir una primera fila, no hay nada más frustrante que entrar y perder minutos intentando ubicarte y averiguando por dónde llegar a tu zona. En internet encontrarás fotos de los recintos y sus planos, así como los nombres de cada gradería (te irá bien saberlo si vas al extranjero). Échales un ojo y tenlos en mente para que, una vez que te dejen entrar, puedas ir directa a la zona que te interesa.

LO QUE DEBES TENER EN CUENTA AL ELEGIR TU OUTFIT

Cuando llega el concierto de nuestro artista favorito, todos queremos estar con el mejor aspecto posible. Ahora bien, hay veces en las que hay que **combinar la estética con la comodidad.** ¿Qué deberías tener en cuenta a la hora de elegir tu outfit?

» **El recinto.** ¿*Outdoor* o *indoor*? Porque no es lo mismo estar en un lugar cerrado, con una temperatura estable, que al aire libre bajo un sol de espanto o pasando frío. En los recintos cubiertos, a pesar de que al inicio pueda estar fresquito, la temperatura aumenta una vez empieza el show. Si hablamos de conciertos al raso, habrá que tener en cuenta la estación del año en la que estamos, echar un ojo a la previsión del tiempo y estar preparado para todo. No olvides un chubasquero si da lluvia o una gorra si se espera que haya sol.

» **Tus preferencias.** Cada uno sabe con qué se siente cómodo. ¿Te van los vaqueros o prefieres unos leggins? ¿Eres de ir en tirantes pase lo que pase o prefieres camisetas holgadas?

» **Calzado.** Pies cómodos. Siempre. ¿Lo mejor? Las zapatillas deportivas y las botas de suela plana. No obstante, esto también depende de cada persona. Eso sí, ojo con las sandalias. Los pisotones están a la orden del día y no queremos salir del show lesionados.

Hay fandoms que siguen unos códigos de vestimenta muy concretos y que se ponen de acuerdo para vestir igual o llevar una prenda común que se identifique con el artista. ¿O nos hemos olvidado ya de las orejitas de conejo que puso de moda Ariana Grande a mitad de 2010 y del color púrpura como marca de los *beliebers*, los fans de Justin Bieber?

En el caso de que estés pensando en irte de gira siguiendo a tu artista, es importante que hagas una buena planificación para no ir con la casa a cuestas:

» Lleva dos o tres pares de pantalones que te queden bien con todo.

» Apuesta por tops de tirantes, crop tops o camisetas que te aporten total comodidad y combínalos con las partes de abajo.

» Las zapatillas deportivas son un must, sobre todo para los trayectos.

» Utiliza ropa de deporte. Para los viajes es ideal.

» Si viajas con más gente, reparte utensilios como el jabón, el champú, la pasta de dientes, la plancha del pelo, etc. Si lleváis una cosa cada uno y la compartís, ahorraréis espacio.

NO SALGAS DE CASA SIN...

Los preparativos para un concierto son algo que hay que planificar. ¡Nada de soluciones de última hora y menos si tienes que viajar! La organización y la previsión son obligatorias en cualquier aventura fan, así que toma nota de **los elementos indispensables** que deben acompañarte en cada concierto de tu vida.

1. **Tu móvil.** Bien cargado y con una batería portátil, si puede ser. No solo para grabar vídeos y hacer fotos, sino para comunicarte con tus colegas si os perdéis o para pedir un taxi si no tenéis forma de volver a casa.

2. **Tu documento.** Lleva tu DNI siempre encima. Nunca se sabe lo que puede pasar (te pierdes, te desmayas o lo que sea) y es preciso que la gente pueda identificarte.

3. **Tus entradas.** ¡Son tu billete al paraíso!

4. **Agua.** Aunque te quiten el tapón en la entrada, ten siempre una botellita a mano. Hidratarse es necesario.

5. **Gafas.** Si eres de las personas que no ve bien de lejos, son tus mejores aliadas. También tus lentillas, aunque lleva siempre las gafas encima por si tuvieses que quitártelas por una irritación o cualquier motivo.

6. **Pañuelos de papel.** Para secarte las lágrimas, limpiarte las manos después de comer o usarlo en el baño cuando se haya acabado el papel higiénico.

7. **Dinero.** En metálico o con tarjeta. Siempre hay que llevar algo para hacer frente a cualquier imprevisto.

Y, sobre todo, cuando salgas de casa para ir a un concierto no te dejes las ganas de pasarlo bien ni la ilusión por ver a tu artista favorito. Estás a punto de vivir un momento único que recordarás para siempre, ¡así que métete en el mood desde el minuto uno!

EL CONCIERTO

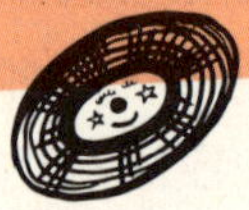

TIPS PARA DISFRUTAR BIEN DE UN CONCIERTO

Toda la preparación para un concierto es un *hype* constante. La llegada del gran día puede hacer que estemos más alterados que de costumbre, aunque nos hayamos preparado mucho. Aquí van **unos tips extra** para que no se te escape nada y puedas aprovechar la experiencia al máximo.

*Tip 1

Dentro del recinto, ¡no corras! Y menos si tienes que bajar escaleras de graderías para llegar a la pista. **Puedes tropezar o torcerte un tobillo, y eso sería un gran problema.** En recintos grandes hay personal que se dedica a pedir tranquilidad mientras se accede, aunque no todo el mundo lo respeta... Una buena táctica es la de caminar estilo marcha, es decir, rápido, pero sin correr. ¡Practica los días previos para pillarle el truquillo!

*Tip 2

Por lo general, la gente se acumula en la zona central de la pista y los laterales se quedan vacíos. De hecho, si te pones de frente al escenario te darás cuenta de que el público va formando una pirámide invertida y se concentra en el medio de la sala. Así que **fíjate en los lados del escenario,** ya que puedes ganar cercanía, si esa es tu prioridad.

*Tip 3

Aunque tengas asiento asignado, **llega con antelación** para disfrutar de la experiencia previa al show y ver cómo se va caldeando el ambiente.

*Tip 4

No esperes a última hora para **ir al baño**, porque es lo que suele hacer todo el mundo y ¡te puedes perder la intro!

¿SABÍAS QUE...?

Hay fans de Taylor Swift que llevan pañales de adultos para los conciertos. Así lo explicaron en redes sociales, donde compartieron este «consejo» para no renunciar a ver parte del show cuando el cuerpo pide ir al baño.

Otros optan por una solución menos chocante, que es la de ir al servicio durante las canciones más «rollo» de la artista. De hecho, incluso elaboraron una lista llamada *Pee List* (algo así como «canciones para hacer pis») que incluye seis temas lentos que son idóneos para abandonar el sitio y atender a sus necesidades fisiológicas.

GUÍA DE BUENAS PRÁCTICAS

para cualquier concierto

» No empujes.

» No te cueles.

» No te pases todo el concierto gritando. Piensa que el resto de los fans quieren oír al artista.

- » Está guay usar el móvil para grabar una canción, hacer fotos y videoselfis cuando suena tu tema favorito. Pero no te pases todo el show con el móvil en alto por dos razones básicas: la primera, que estarás molestando a quien tengas detrás, y la segunda, que te estarás perdiendo la experiencia real del directo. Baja tu teléfono y disfruta de lo que tienes ante tus ojos.

- » Si alguien de tu lado sale del mogollón para ir al baño, guárdale el sitio.

- » Respeta las distancias mínimas con la gente.

- » No juzgues ni te rías de cómo viven la experiencia otros fans.

- » Respeta a los artistas. Puede ocurrir que vayas a un festival y que antes de que salga tu banda favorita tengas que ver a otros artistas que no te gustan. Eso no es motivo para estar hablando durante su actuación o, lo que es peor, dándoles la espalda porque estás a otras cosas.

- » No te pelees por los objetos que los artistas tiran al público (toallas, camisetas, púas de las guitarras, etc.). Si cae en tus manos, tuyo es; pero si lo coge otra persona, no intentes quitárselo.

- » Si a tu ídolo se le olvida la letra de la canción, ¡ayúdale! Canta a pleno pulmón para que pueda pillar el hilo y seguir con el tema.

MERCHANDISING:
¡LO QUIERO TODO!

El merchandising es uno de los elementos más importantes para los fans de un artista. ¡La forma perfecta de demostrar ante el mundo lo mucho que nos gusta! Y no solo eso: son el elemento clave que define nuestra identidad como fans y que ayuda a que nos sintamos parte de una comunidad.

¿CÓMO PODEMOS HACERNOS CON EL MERCHAN DE NUESTROS ÍDOLOS?

1. **A través de sus webs oficiales.** Los precios serán más elevados porque los productos gozan de la calificación de oficialidad. Sin embargo, suele haber promociones en fechas señaladas, así que ¡presta atención y no te pierdas las gangas!

2. **En tiendas especializadas.** Aún quedan tiendas de música o de productos de coleccionismo donde es posible adquirir

pósteres, camisetas, muñecos y todo tipo de objetos. Al no ser productos oficiales, suelen tener precios más asequibles.

3. **Mercadillos.** Es posible encontrar piezas únicas y rarezas, aunque hay que echarle paciencia y tiempo para hallar alguno de estos tesoros.

4. **En los conciertos.** Los stands donde se venden productos de merchandising suelen instalarse tanto en la zona exterior (en el caso de estadios) como en el interior del recinto. Hablamos de productos oficiales y que en su mayoría hacen referencia a la gira que se está llevando a cabo en ese momento. ¡Ojo! Hay artistas, como Maná en su gira México lindo y querido, que solo venden sus productos de esta manera y no por internet.

Tip extra

La fiebre del merchan en los conciertos es muy fuerte, así que te recomiendo que vayas con tiempo suficiente como para hacer cola y comprar lo que te apetezca antes de que empiece el show.
¡Y así lo estrenas!

¡Aviso! Si esperas a comprar después del concierto, tendrás que hacer muchísima más cola porque, con la emoción del momento, habrá más fans queriendo adquirir algo.

IDEA

Cuando el presupuesto es limitado, te puedes marcar un DIY: ¡hazte tu propio merchan! Hay muchas opciones para personalizar tus prendas, como imprimir una foto en una camiseta, usar parches o tachuelas, pintura textil... También puedes hacer complementos, como las famosas pulseras de la amistad que los fans de Taylor Swift crean e intercambian.

Una de las tendencias top para los conciertos es llevar productos de merchandising a juego con tus amigos: la misma camiseta, la misma gorra o colgante. ¡Tú eliges el look y cómo decirle al mundo lo mucho que os gusta esa banda o cantante!

ECONOMÍA BÁSICA: NO DESPILFARRES

Asistir a un concierto requiere de planificación y, como ya hemos visto, hay un montón de cosas que debemos tener en cuenta. Llegado el día del show, ¿tengo que seguir gastando pasta? Pues depende. Hay elementos que son prescindibles y, en cambio, hay otros que son indispensables y a los cuales deberás destinar dinero. Tenlo en cuenta antes de quedarte con cero euros en la cuenta.

BÁSICOS

» **Agua.** Los eventos musicales no permiten la entrada de botellas de agua y, si lo hacen, estas deben ir sin tapón. En el caso de los festivales, suele haber puntos de agua donde rellenarlas, pero ¿qué ocurre en los estadios? Pues que, o bien las rellenas con el agua de los grifos del baño (lo cual no es muy recomendable en según qué ciudades), o bien compras más bebidas en el propio recinto. Mantenerse bien hidratado es un básico.

» **Comida.** Hay lugares en los que no te dejan entrar con comida del exterior, así que, sí o sí, si tienes hambre deberás gastarte el dinero allí. La oferta gastronómica de los recintos no suele ser muy amplia y los bocadillos, que son los reyes, tienden a costar algo más que en cualquier bar de la calle.

PRESCINDIBLES

» **Merchandising.** Sí, los productos que se venden en los shows son muy top y, si pudiéramos, nos lo llevaríamos todo. Pero si nuestra economía anda justita, más vale que prescindamos de ese gasto.

» **Alcohol.** Para disfrutar de un concierto no es necesario beber alcohol. Opta por agua o un refresco y ayuda a tu cuerpo a estar sano y bien hidratado.

Tampoco debes olvidar que, al terminar el concierto, tendrás que volver a casa. ¿Vives cerca del recinto y puedes ir a pie o tienes que pillar transporte público? ¿Estará abierto a esas horas o tendrás que optar por un taxi? Piensa en ello antes del show y reserva la cantidad de dinero que necesitarás para tener una vuelta a casa en condiciones. Dependiendo de por qué opción te decantes, puedes dejarlo reservado de antemano para asegurar el coste y reducir las esperas.

INFÓRMATE BIEN
DE TODO

Cuando asistes a un concierto es muy importante que controles toda la información en referencia al show. Aquí tienes un listado de las cosas más importantes en las que deberás fijarte para que tu experiencia conciertera sea la mejor del mundo.

DENTRO DEL RECINTO

» **Baños.** Muy importantes, sobre todo cuando falta poco para que empiece el show y te entra la urgencia de ir al aseo.

» **Salidas de emergencia.** Aún más importantes, tenlas localizadas.

» **Punto de encuentro.** Si vas con amigos, estableced un lugar donde encontraros en caso de separaros.

» **Personal de seguridad.** Suelen estar desperdigados por todo el recinto, pero no está de más que ubiques a algunos que estén cerca de ti por si en algún momento necesitas ayuda.

AL TERMINAR EL CONCIERTO

» **¡No te dejes nada!** Echa un ojo al suelo y asegúrate de que no te olvidas la chaqueta, el jersey, la bufanda, el bolso...

» **Foto recuerdo.** Aprovecha que han encendido las luces y que aún están los instrumentos en el escenario para hacerte una foto con todo el montaje de fondo.

» **Sigue las indicaciones.** El staff te indicará por dónde debes salir a la calle. Hazles caso y no intentes buscar rutas alternativas.

» **Abrígate.** Con la emoción del concierto y en medio de tanta gente habrás entrado en calor, pero seguramente al salir haga más frío. ¡No te confíes!

» **Paciencia.** Es normal que tardes en llegar a la calle porque todo el mundo está intentando hacer lo mismo que tú a la vez.

ESTOY DELANTE DE MI ÍDOLO, ¿QUÉ HAGO?

No todo el mundo reacciona igual al tener a su ídolo delante: hay gente que llora, otra que se queda con la boca abierta, los hay que gritan a pleno pulmón y personas que pueden incluso desmayarse. Si eres de los afortunados que tiene un lugar cercano al escenario, puede que incluso tengas alguna interacción con los artistas. ¿Qué hacer cuando tienes a la persona que más admiras ante ti?

TIPS PARA DISFRUTAR DEL ENCUENTRO CON TU ÍDOLO

» **Respira.** Los nervios pueden jugarte malas pasadas, pero debes intentar manejar la ansiedad de la mejor manera posible. Hacer respiraciones profundas te ayudará a estar presente y a centrarte en lo que está ocurriendo.

» **Observa.** Tus ojos son tu mejor generador de recuerdos. Vive la experiencia real de ver a tu artista favorito y pon atención a cada detalle. Graba y haz fotos, *of course*, pero no te pases todo el show así.

» **Establece contacto visual.** Es tu oportunidad para que tu ídolo y tú os miréis a los ojos, aunque sea de forma fugaz.

» **Demuestra lo fan que eres.** Las pancartas son una buena manera de comunicarte con el artista y dejar clara la pasión que sientes por él. Más allá del «Te quiero», siempre puedes hacerle una petición (un abrazo, una canción dedicada, que te cante el «Cumpleaños feliz»...).

Los espectáculos en directo son una gran oportunidad de llamar la atención de tu ídolo y hacer que se fije en ti. ¿Has pensado en los outfits de neón? Son una garantía de que te vean entre la multitud. Las fan actions también son una forma de que tu banda o cantante te presten atención por unos momentos.

IDEAS DE FAN ACTIONS MOLONAS QUE PUEDES ORGANIZAR

» Inflar globos en una determinada canción. Podéis hacer que sean de un mismo color, iluminarlos con las linternas del móvil o soltarlos al terminar el tema.

» Poneros pulseras de colores fosforitos para que el público parezca un mar de colores.

» Encender la linterna del móvil en una canción concreta y sorprender así al artista.

» Poner en marcha una acción grabando vídeos para hacer un montaje y publicarlo en redes.

» Crear entre todos un hashtag que ayude a promocionar una canción nueva, una gira o un nuevo trend de baile con ese tema.

» Felicitar el cumpleaños de un artista haciendo un collage de fotos de sus seguidores con carteles con un mensaje concreto. ¡Y subirlo a redes sociales!

IMPORTANTE: Hay mucha gente que cree que los artistas no ven desde el escenario. ¡Mentira! Desde ahí arriba se ve todo con una perspectiva distinta y muy amplia, y aunque a veces las luces y el humo pueden dificultar la visibilidad, la mayoría de los cantantes afirman ver lo que ocurre en la zona del público.

Desde que aparecieron las redes sociales, los fans pueden compartir los conciertos a los que asisten con los millones de personas en internet, sin fronteras de ningún tipo. Y gracias a eso podemos presenciar de forma virtual los shows que dan nuestros ídolos en la otra parte del mundo. Ahora bien, hay seguidores que no quieren saber qué va a ocurrir y prefieren no ver ninguna de esas publicaciones para que el día del directo todo sea una sorpresa.

Y tú, ¿qué tipo de fan eres?

A) De los que quiere saber hasta el listado de las canciones que van a interpretar.

B) De los que prefiere ir a ciegas.

CONSEJOS DE FAN A FAN

Los artistas agradecen las muestras de cariño, pero a veces algunos seguidores cruzan la frontera de lo que es apropiado y lo que no.

1. Lanzar objetos al escenario es algo muy habitual, pero también peligroso. Según cómo, el ramo de flores o el peluche que tiras puede hacerle daño al artista, consiguiendo el efecto contrario al deseado.

2. Deja hablar a los cantantes cuando lo hacen. Es habitual que algunos fans aprovechen la ausencia de música para lanzar gritos de «te quiero», «guapo» o cualquier otro piropo; sin embargo, es posible que estén interrumpiendo un discurso que el artista se ha estado preparando y que puede tener cierto punto de emotividad. Respetémoslos y dejemos que se expresen, escuchando en silencio y aplaudiendo después.

Tener a tu ídolo delante, sobre el escenario, es algo con lo que todos los fans del mundo sueñan. Pero si eso ya es fuerte, imagínate un encuentro de tú a tú con tu artista favorito. ¿Serías capaz de superar un *meet & greet*?

CONSEJOS TOP
PARA DISFRUTAR DE TU *MEET & GREET*

Muchos artistas ofrecen la posibilidad de realizar *meet & greets* antes o después del show. Se trata de una experiencia que, bajo pago, permite que los fans conozcan a los cantantes y se hagan fotos con ellos. Hace unos años se ofrecía esta posibilidad a los miembros del club de fans o a los ganadores de sorteos, pero cada vez hay más cantantes que lo incluyen como una opción más de entrada (ticket + *meet & greet*) que se agota en poco tiempo.

¿Cómo desperdiciar la posibilidad de estar frente a tu ídolo y tocarle?

ANTES DE TU MEET & GREET, TEN EN CUENTA...

1. **¿Qué te vas a poner?** Elige ropa con la que te sientas a gusto y con la que te veas bien. Equilibra la comodidad con la estética.

2. **¿Qué vas a decir?** Es normal ponerse nervioso antes de que llegue el turno de tu foto, así que una gran recomendación es tener pensado qué dirás, sobre todo si es en otro idioma. ¡Incluso puedes practicar en casa!

3. **Poco tiempo y mucho que hacer.** Los *meet & greets* suelen ser muy cortitos, con una media de un minuto por persona. Es decir, que tienes muy poco tiempo para saludar, hablar, abrazar a tu ídolo y posar para la foto. No te estreses, pero tampoco te embobes.

4. **Sé puntual.** Si el *meet & greet* es a las cinco, por ejemplo, haz tus cálculos de desplazamiento pensando que es a las cuatro. Más vale esperar un rato que llegar tarde y quedarte fuera.

5. **¡Aprovecha para ir al baño antes y después!** Mientras esperas a que comience el *meet*, tendrás tiempo de ir al servicio. Hazlo. Como te entren ganas segundos antes de que te toque hacerte la foto con tu grupo, no va a ser nada agradable.

IDEAS PARA UN MEET & GREET INOLVIDABLE

» **Regálale algo especial a tu ídolo.** Una carta, un peluche, una pulsera o algo personal que haga que no se olvide de ti.

» **Comparte la experiencia.** Si vas con un amigo, podéis hacer el *meet & greet* juntos y así tener dos fotografías diferentes en las que salgáis ambos. Es como un dos por uno. Eso sí, pregunta antes a los organizadores si es posible hacerlo.

» **Graba la conversación.** Por lo general, en los *meet & greet* no te dejan hacer fotos con tu móvil, pero puedes metértelo en el bolsillo y dejar la grabadora encendida. Cuando salgas, tendrás la conversación grabada y podrás repasar lo que habéis hablado. Los nervios pueden hacer que, cuando sales de estos encuentros, se te haya olvidado la mitad de lo que te han dicho.

Cada artista es un mundo y organiza sus *meet & greets* como quiere:

» Algunos incluyen **ventajas,** como entrada prioritaria al recinto, un póster de recuerdo, productos de merchandising, acceso a zonas vip para tomar algo...

» La mayoría de los *meet & greets* son **previos al concierto,** por lo que se cita a los fans antes de la apertura de puertas. Presta atención al horario y punto de encuentro para no llegar tarde.

ATENCIÓN

A la hora de realizar la compra deberás leer atentamente qué se incluye con tu experiencia para sacarle el mayor provecho posible.

¿SABÍAS QUE...?

En su gira de 2015, Purpose World Tour, Justin Bieber sacó a la venta unos tickets con *meet & greet* de dos tipos:

1. Una foto en grupo, que costaba 800 euros.
2. Un selfi que el propio Justin hacía sujetando el teléfono de los fans por 1840 euros.

Estas entradas se agotaban a la velocidad de la luz. No obstante, el artista decidió cancelar estos *meet & greets* y devolver el dinero a sus fans, ya que tanta interacción previa al show le hacía cansarse y desconcentrarse.

¡NO ME TOQUES!

Algunos artistas han hecho *meet & greets,* pero sin dejar que sus fans se acercasen a ellos. Es decir, se hacían la foto con un espacio de separación. Britney Spears y Avril Lavigne son un ejemplo.

SEGURIDAD:
CUÍDATE Y CUIDA A LOS DEMÁS

Aunque ir a un concierto es algo divertido y hecho para disfrutar, a veces pueden surgir problemas que empañan la experiencia. Por eso, los equipos de seguridad son imprescindibles en cualquier show. Mires donde mires, encontrarás a guardas y staff del lugar dispuestos a ayudar a cualquier persona que lo necesite. Siempre podremos contar con ellos, pero también es importante que seamos responsables y que no hagamos cosas que nos puedan poner en peligro.

» ¿Sabías que una fan de Taylor Swift perdió la vida por un golpe de calor antes de que la cantante empezase su show en Brasil? La chica tenía veintitrés años y sufrió un paro cardíaco por agotamiento térmico. La artista canceló el concierto y aplazó el que debía dar después, ya que las temperaturas eran muy elevadas: cuarenta y cuatro grados con sensación térmica de casi sesenta.

» En España, una chica de quince años murió en una avalancha que se produjo en el concierto que los Pecos iban a realizar en el desaparecido Parque de Atracciones de Montjuïc, en Barcelona, y el suceso dejó a todos devastados. Ocurrió en 1980, antes de que se implementaran las medidas de seguridad actuales y de que los controles de aforo fuesen una norma.

¿SABÍAS QUE...?

Las barreras que están situadas en la primera fila de un concierto, justo delante del escenario, están diseñadas para que no puedan volcarse. En caso de que la multitud empujase, evitarían que se produjese una avalancha y que las personas de delante del todo quedasen sepultadas.

Otro aspecto que no debemos descuidar en los conciertos son nuestros oídos. Los dispositivos de sonido que se emplean emiten a muy altas frecuencias y eso podría dañar los oídos de los asistentes, sobre todo los de los niños. Por suerte, cada vez hay más concienciación acerca de la protección auditiva. Por ello es habitual ver a los más pequeños con unos cascos de protección que tienen el aspecto de unas orejeras. Los adultos también pueden hacerse con tapones especiales para los shows. ¿En qué consisten?

- Reducen el ruido con su tecnología de filtrado de sonido.
- Se disfruta de la música sin dañar la audición ni perder calidad.
- Se moldean térmicamente para cada persona.
- Se reutilizan.
- También hay disponibles orejeras para bebés y niños de hasta dieciocho meses.

¡IMPORTANTE!

No olvides que un concierto puede alcanzar los cien decibelios y que una exposición de quince minutos a esa intensidad puede dañar nuestra audición. ¡Protégete!

Las fuentes de ruido no provienen solamente de los amplificadores y altavoces de los conciertos. Y es que los fans pueden llegar a ser muy ruidosos con sus gritos y cánticos. ¡Seguro que más de una vez has perdido la voz tras cantar tus canciones favoritas a pleno pulmón!

¿SABÍAS QUE...?

Los fans de Taylor Swift hicieron temblar la tierra, literalmente, en el concierto que la artista ofreció en Seattle en julio de 2023. Según los registros sísmicos, el show provocó un terremoto de 2,3 grados de magnitud entre la música, los altavoces, los saltos de los fans y su energía.

VIOLENCIA EN LOS CONCIERTOS

Lamentablemente, los conciertos, como otras actividades de ocio que reúnen a grandes grupos de gente, son lugares donde pueden ocurrir episodios de violencia. Es importante saber distinguir qué situaciones son peligrosas y pedir ayuda en caso de vernos involucrados en alguna de ellas. A continuación, te presento una lista con distintos tipos de violencia y sus manifestaciones más habituales.

Violencia sexual

» Tocamientos sin consentimiento.

» Exhibicionismo. Sucede cuando alguien muestra sus genitales u otras partes de su cuerpo sin consentimiento de la otra persona.

» Acoso verbal con piropos ofensivos, comentarios sexuales...

» *Upskirting*. Es decir, hacer fotos o vídeos íntimos por debajo de la falda de una persona sin que ella sea consciente.

» Acoso sexual, como perseguir a alguien o mirarlo fijamente de manera no deseada.

» Agresión sexual. Engloba cualquier práctica sexual no deseada.

» Administración de sustancias que inhiban el comportamiento sin el conocimiento de la persona.

Violencia machista

- Violencia psicológica con comentarios humillantes, insultos, amenazas...
- Comentarios o chistes despectivos hacia las mujeres.
- Agresiones físicas como empujones, golpes, bofetones...
- Limitación de movimiento haciendo que una mujer no pueda moverse libremente en un espacio.

LGTBIfobia

- Intimidación, acecho, seguimiento o acoso a personas LGTBI.
- Insultos ofensivos relacionados con la comunidad LGTBI.
- Ataques físicos o verbales a las personas del colectivo LGTBI.
- Negar el acceso a lugares a gente LGTBI.

Si sufres un ataque de este tipo o presencias uno hacia una tercera persona, **busca ayuda inmediatamente** y contacta a alguien de la organización o a un miembro de seguridad. Ten siempre la guardia alta, ya que muchas veces estos episodios no son evidentes. Por ejemplo, el suministro de sustancias químicas que inhiben la voluntad es un acto de violencia muy difícil de detectar.

> **ALERTA:** Si ves que alguien se comporta de forma extraña, que le cuesta caminar o sostenerse en pie, que tiene la mirada perdida..., llévale hasta la enfermería o con alguien de seguridad.

SOSTENIBILIDAD: DISFRUTAR SIN DAÑAR EL ENTORNO

La preocupación por el medio ambiente es algo muy presente en nuestra sociedad y las nuevas generaciones están muy concienciadas sobre ello. El sector de la música no es ajeno a esto y cada vez se dedican más esfuerzos a **hacer que los eventos sean sostenibles.** ¿Qué debemos tener en cuenta para aumentar la sostenibilidad?

» **Impacto medioambiental.** Los residuos y la contaminación que se generan en la producción de un concierto.

» **Impacto social.** ¿Cómo afecta a los vecinos de la zona donde se va a celebrar? Hay que conocer cuál es el tejido social, quién vive ahí, qué problemáticas tienen, etc., a la hora de diseñar y llevar a cabo un espectáculo.

» **El entorno.** Cómo afectará el festival o concierto a la zona en la que se sitúa. La premisa es intentar que no tenga ningún impacto y que, en caso de tenerlo, que mejore la situación de cómo estaba.

» **Accesibilidad.** Diseñar una experiencia musical sostenible también implica que sea accesible para todo el mundo, independientemente de sus características.

» **Impacto cultural.** Promocionar no solo las músicas globales, sino también las locales.

La celebración de un espectáculo musical puede conllevar un malestar notable para quienes lo tienen cerca. La afluencia de gente, el sonido, las vibraciones que este puede provocar o la suciedad y ruidos que se generan al terminar el show son algunas de las problemáticas a las que hay que anticiparse para buscar soluciones y evitar molestias.

¿SABÍAS QUE...?

Uno de los sistemas que emplean los festivales para controlar el exceso de ruido es situar medidores acústicos fuera del recinto del concierto. Estos están conectados con la mesa de sonido en el interior y así se puede controlar si la música está demasiado alta.

Como espectadores, también tenemos nuestra responsabilidad en este sentido.

¿Qué puedo hacer para ser sostenible en un concierto?

» Lleva tu propia botella de agua y rellénala en las fuentes disponibles.

» Asegúrate de que el festival al que acudes utiliza vasos reciclables.

» Consume comida usando cubiertos de cartón reciclables.

» Ve en transporte público o caminando. Si no es posible porque el recinto está muy lejos, comparte coche.

- No grites ni pongas música alta al salir del recinto. Respeta a los vecinos.
- Arroja los residuos en los contenedores de reciclaje correspondientes.
- No alteres el entorno. Si estás en un festival al aire libre, no arranques las flores ni estropees las zonas arboladas.
- No malgastes el agua dejando grifos abiertos.
- Apoya a los artistas locales que promueven la música propia de un territorio.

Otro de los aspectos que engloba el concepto de sostenibilidad tiene que ver con la accesibilidad y la igualdad. Así que cuando vayas a un concierto o festival, recuerda:

- No aparques en las plazas reservadas para personas con discapacidad.
- No invadas los carriles de acceso para estos colectivos.
- No pidas tus bebidas en la zona de barras señalizada para ellos simplemente porque hay menos cola.
- No utilices los baños para personas con discapacidad con la excusa de que están vacíos.
- Si ves que una persona invidente o con problemas de movilidad necesita ayuda, préstasela. Si tú no puedes, avisa a alguien de la organización para que lo haga.

LA EXPERIENCIA FESTIVALERA.

¡VÍVELA!

No, no es lo mismo ir a un concierto de tu grupo favorito que verlos en un festival. Las experiencias son distintas; ni mejores ni peores, aunque habrá gente que se decante más por una que por otra. ¿Qué tienen de diferente un festi y un concierto al uso?

RAZONES POR LAS QUE IR A UN FESTIVAL

Estas son algunas de las razones por las que no puedes dejar de vivir la experiencia festivalera. ¡Toma nota!

1. **Cartel superamplio.**

2. **Variedad musical.**

3. **Descubrir nuevos talentos.**

4. **Mayor duración.**

5. **Más gente,** mayor posibilidad de contactos.

6. **Zonas de ocio,** como por ejemplo talleres, conferencias, autos de choque, stands donde maquillarte, peinarte o hacerte fotos top, etc.

7. **Restauración *yummy*.**

8. **Zonas de descanso.**

Hay festivales de muchos tipos, algunos que duran un par de días y otros que se prolongan un poco más. En algunos, además, puedes acampar, lo que sitúa la experiencia a otro nivel, ya que la convivencia es mucho más profunda.

Si aún no estás muy metido en la movida festivalera y quieres comenzar a vivir esa experiencia, aquí tienes un listado con los festivales más importantes y reconocidos que no te querrás perder y los meses en los que suelen celebrarse. ¡Elige según tus preferencias y pilla tus abonos en cuanto salgan!

10 FESTIVALES NACIONALES TOP QUE NO TE PUEDES PERDER

» **Viña Rock (abril).** Se celebra anualmente en la ciudad de Villarrobledo, al noroeste de la provincia de Albacete, desde 1996. Si te interesa el rap, el punk, el ska, el reggae y el rock, este es tu festival.

» **Primavera Sound (mayo/junio).** Empezó celebrándose en Barcelona, aunque luego se expandió a Oporto y Madrid, e incluso a varios países de América Latina (que celebran su edición entre octubre y noviembre). En este festival podrás disfrutar tanto de artistas del panorama independiente como de música pop, rock, electrónica o underground.

» **Sónar (junio).** El Festival Internacional de Música Avanzada y Arte Multimedia de Barcelona. Lleva activo desde 1994 y presenta dos formatos: el Sónar de Día y el Sónar de Noche. Es para ti si buscas las últimas tendencias de baile y te va la electrónica.

» **Share Festival (junio).** El Fórum de Barcelona se convierte en el punto de encuentro de artistas pop y urbanos de público juvenil en dos jornadas llenas de color y diversión.

» **Mad Cool Festival (julio).** Se celebraba en IFEMA Madrid, aunque en 2024 se movió al espacio Iberdrola Music, en Villaverde, y se ha convertido en todo un referente europeo. Por su cartel, centrado en el pop y el rock, han pasado grandes estrellas como Robbie Williams, Diplo, Red Hot Chilli Peppers o los Black Eyed Peas.

» **Bilbao BBK Live (julio).** Como su nombre indica, se lleva a cabo en Bilbao, cerca del monte Cobetas. Se celebra anualmente, dura tres días y se prioriza la música pop, rock e indie.

» **FIB (julio).** El Festival Internacional de Benicàssim lleva en funcionamiento desde 1995. Ofrece conciertos en la playa de diversos estilos como música rock, indie o electrónica.

» **Sonorama Ribera (agosto).** Se celebra en Aranda de Duero y durante cinco días reparte sus escenarios por las calles de este municipio de Burgos. Allí podrás gozar del indie, pop, rock, rap y música alternativa a nivel nacional e internacional.

» **Arenal Sound (agosto).** Se celebra en Burriana, en la provincia de Castellón, durante cinco días. Allí predomina la música independiente, electrónica y mestizaje.

» **Boombastic (varias fechas).** Es un festival itinerante que se celebra en diferentes partes de España. Artistas de música pop y urbana comercial se dan cita en este evento musical que ha pasado por Madrid, Gran Canaria, Málaga o Asturias con artistas que van desde Manuel Turizo a La Oreja de Van Gogh.

10 FESTIVALES INTERNACIONALES TOP QUE NO TE PUEDES PERDER

» **Vive Latino (marzo).** El Festival Iberoamericano de Cultura Musical Vive Latino se celebra en el Foro Sol de la Ciudad de México desde 1998. Su programación reúne a varios géneros, aunque el rock tiene un lugar privilegiado en su *line up*. Desde hace unos años, cuenta con una edición española que tiene lugar en septiembre en Zaragoza.

» **Ultra (marzo).** El Ultra Music Festival es un festival anual de música electrónica que se celebra en Miami, Florida.

» **Coachella (abril).** El Festival de Música y Artes de Coachella Valley es uno de los festivales de música más importantes. Dura dos fines de semana y tiene lugar en California, en el Valle de Coachella del desierto de Colorado.

» **New Orleans Jazz & Heritage Festival (abril).** El New Orleans Jazz & Heritage Festival se celebra anualmente, y resalta la música y la cultura locales.

» **EDC Las Vegas (mayo).** El Electric Daisy Carnival, que se lleva a cabo en Las Vegas, es toda una experiencia en mitad del desierto. Si te gusta el EDM, el house, el dance-punk o el drum and bass, no querrás perderte este encuentro.

- **BST Hyde Park (junio).** En el corazón de Londres, concretamente en Hyde Park, se celebra este festival veraniego llamado British Summer Time Hyde Park.

- **Glastonbury (junio).** El Glastonbury Festival of Contemporary Performing Arts se lleva a cabo en la localidad de Pilton, en Reino Unido. Es uno de los míticos y allí no solo se disfruta de música, sino de otras artes, como danza, comedia, teatro o circo.

- **Tomorrowland (julio).** Se trata de un evento de música de baile y electrónica que tiene lugar en Holanda y aglutina a unas cuatrocientas mil personas de doscientas nacionalidades. Su pirotecnia, efectos visuales y decoración lo hacen mágico.

- **Lollapalooza (varias fechas, agosto en Estados Unidos).** Este festival de cuatro días de duración comenzó celebrándose en Estados Unidos, aunque sus nuevas localizaciones en Argentina, Brasil y Chile lo han convertido en uno de los destinos musicales preferidos de los jóvenes. También ha llegado a ciudades europeas como París y Berlín.

- **Rock in Rio (varias fechas, septiembre en Brasil).** Conocido popularmente como «el festival más grande del mundo», se estrenó en 1985 y comenzó celebrándose en Brasil, pero tiene ediciones en otras ciudades del mundo, como Lisboa.

Una de las razones que te puede llevar a ir a un festival es que tu grupo favorito aparezca en el cartel. En ese caso, aquí va un consejo TOP que puedes seguir:

Cuando vayas a buscar el mejor sitio entre el público, ponte detrás de alguien que NO sea fan de tu mismo grupo (puedes verlo en la camiseta que lleve o preguntárselo directamente). Si tu grupo favorito actúa el último, lo más probable es que esa persona se vaya tras haber visto a su ídolo y te deje ese espacio. Si, en cambio, tus favoritos van antes, puedes negociar un intercambio de sitio para que te deje verlos desde su posición y luego devolverle el sitio.

¡Solidaridad entre fans!

¿QUIÉN ES QUIÉN DENTRO DE UN CONCIERTO?

En tus experiencias concierteras te habrás dado cuenta de la cantidad de gente que hay trabajando en un recinto. ¡Y la que no se ve! En este apartado, te doy una guía práctica para saber quién es quién y de qué se encarga cada persona dentro del engranaje de un show en directo. Quién sabe, ¡tal vez encuentres inspiración para desarrollar una profesión relacionada con este mundo!

PERSONAL DE ACREDITACIONES

Son las personas encargadas de repartir las acreditaciones reservadas para medios de comunicación, patrocinadores, etc., además de las invitaciones. El punto de entrega puede estar en la zona de taquillas o en un stand propio dentro del recinto, justo en la entrada.

ACOMODADORES

Los conciertos con zona de asientos, ya sea en estadios o en teatros, tienen un equipo de acomodadores que dirigen al público al lugar donde deben sentarse.

BACKLINER

Es la persona que se encarga de los instrumentos, tanto de colocarlos en el escenario como de afinarlos o cambiarles alguna pieza. También son quienes entran en el escenario cuando hay un cambio de guitarra, por ejemplo, para darle el nuevo instrumento al músico.

BOOKER

Es quien se encarga de contratar a un artista. Eso significa que están en contacto con las agencias de representación y que tienen que negociar los cachés (el dinero que van a cobrar) y las condiciones contractuales de los espectáculos.

CÁMARAS

Los grandes conciertos, así como los festivales, cuentan con pantallas en los laterales del escenario para que la gente que está más atrás vea el espectáculo. Esas imágenes son tomadas por un equipo de cámaras que están a pie de escenario. El desarrollo tecnológico ha hecho que cada vez estén más presentes las cámaras robotizadas, controladas desde una mesa técnica, y los drones, que graban imágenes aéreas.

ELÉCTRICOS

Todo el personal que se encarga de que la parte técnica y todo lo que necesita corriente eléctrica esté OK.

HANDS

Todas las personas que cargan y descargan el material necesario para montar un concierto. Su trabajo empieza las horas o días previos al show. En cuanto acaba el espectáculo, se ponen de nuevo manos a la obra para desmontar toda la infraestructura y dejar libre el espacio que ocupaba.

HOSPITALITY

Es el equipo de personas que está en la zona de camerinos atendiendo a los artistas. Se encargan de montar el cáterin que previamente se ha pactado y de atender las necesidades que puedan surgir durante las horas previas y posteriores al show.

HOSTS

Son los azafatos que acompañan a los artistas en el recinto. Su figura es habitual en los festivales y en las salas de conciertos con más de un show a la vez. Cada *host* suele encargarse de un grupo de artistas a los que atenderá a lo largo de la jornada.

PRENSA

Aquí tenemos dos grupos:

1. El equipo de prensa propio del festival/concierto, que se encarga de promocionarlo en los medios de comunicación y de realizar las campañas de marketing.
2. La prensa acreditada para el show. Pueden ser reporteros gráficos (cámaras y fotógrafos), así como redactores.

PRODUCCIÓN

El equipo de producción es el responsable de que todo lo necesario para desarrollar un concierto esté OK. Desde las infraestructuras del escenario hasta las vallas para organizar los carriles para que los fans entren, pasando por todo el tema burocrático (permisos, seguros de distinto tipo, etc.) y la logística de toda la *crew* (dónde se duerme, dónde se come, etc.). Sí, es un currazo impresionante.

RIGGERS

¿Sabes todo ese cableado que hay en la parte superior de un escenario? Pues los *riggers* son las personas que se encargan de subir ahí arriba y disponer todo lo que sea necesario. Un trabajo no apto para las personas que tienen vértigo.

RUNNERS

Lo que vendría siendo «una persona para todo». Por lo general, se encargan de conducir coches y furgonetas para llevar a los artistas de un lado a otro, pero su disponibilidad debe ser total para proporcionar aquello que se les pida en el momento necesario. Son unos conseguidores profesionales.

SEGURIDAD

El personal de seguridad es indispensable en cualquier espectáculo en vivo. Se encargan de garantizar el orden en el recinto, de organizar al público y de atender a cualquier persona que sufra un percance.

TÉCNICOS DE SONIDO Y VISUALES

Las personas responsables de que todo se escuche y se vea como debe.

....

TOUR MANAGER

Es la persona que acompaña al artista durante la gira haciendo las labores de representación. Tiene la responsabilidad de garantizar que se cumple con todo lo pactado en los contratos y de que la banda o cantante estén bien.

También es importante conocer algunos de los términos profesionales que se usan en los espectáculos de música en directo. La mayoría son palabras en inglés, que es el idioma base con el que se trabaja. Puede que algunas de ellas ya las conozcas, aunque otras podrías no haberlas oído nunca. ¡Apunta bien y entérate de todo como un auténtico pro!

....

AFTER PARTY

Fiestas que se hacen después de los conciertos. Las hay privadas, otras que se hacen en discotecas donde un DJ pincha los temas del artista en cuestión, y otras a las que asisten los propios cantantes. Las entradas se compran independientemente del ticket del show y algunas de ellas incluyen *meet & greets*.

....

BADGE

Distintivo que lleva el personal que trabaja en el recinto y que les da acceso a las áreas de montaje. Suele estar plastificado y llevarse colgado del cuello, aunque también puede ser en forma de pegatina de tela que se engancha en las camisetas.

BOLO

Sinónimo de concierto.

FOSO

Espacio que hay entre el escenario y el público, normalmente delimitado por la barrera metálica antiavalanchas. Suele estar despejado, aunque por ahí pueden circular los reporteros gráficos acreditados, así como algunos cámaras.

INEARS

Monitor de sonido que los artistas se colocan dentro de la oreja y que les transmite el sonido directamente al oído. Solo lo oyen ellos y por mucho que se muevan, no pierden la referencia sonora.

LINE UP

Conjunto de artistas que conforman el cartel de un festival.

PA

Sistema de refuerzo sonoro. Incluye micrófonos, amplificadores y altavoces usados para amplificar el sonido. En un concierto, los verás colgados en los laterales del escenario.

RIDER

Documento donde quedan detalladas las necesidades técnicas del artista. Se le facilita al equipo de producción del recinto o a la promotora para que consiga lo que el artista necesita para su show.

RUNNING ORDER

Orden en el que actúan los artistas dentro de un festival, ya sea de uno o varios días de duración.

SETLIST

Listado de canciones que interpretará el artista por el orden en que se tocarán. Suelen estar escritas en un folio en blanco y pegadas en el suelo para que el cantante y los músicos las tengan bien visibles. Hay artistas que también usan tablets donde tienen las letras, por si se les olvidan.

SLEEPERS

Autobuses en los que viajan los cantantes, músicos y miembros del equipo. Suelen ser casas rodantes: tienen camas, baño, cocina, una sala de descanso...

Permite aprovechar las horas de noche para viajar hasta el siguiente destino, ahorrándose así noches de hotel, pero permitiendo que la gente descanse.

....

SOUNDCHECK

Prueba de sonido que se hace antes del concierto. Tanto los músicos como el cantante deben probar cómo suenan los instrumentos y los micrófonos.

....

VANS

Furgonetas negras de siete plazas (de media) y con cristales tintados en las que se traslada a los artistas.

....

WRISTBAND

Pulseras de colores que determinan a qué zonas puede acceder la persona que la lleva. Las hay para diferenciar zonas de público (gradas, Golden Circle, Front Stage...) y también para los trabajadores (quién puede entrar en el backstage, quien puede estar en el foso...).

Son tu permiso de circulación por el recinto, así que no las pierdas ni te las saques.

EL POSCONCIERTO

Un concierto es una experiencia finita: tiene una hora de inicio y una hora de final. Ahora bien, las sensaciones que provoca, así como los recuerdos y vivencias, son algo que nos puede acompañar no solo durante días, sino para el resto de nuestra existencia.

¡UN CONCIERTO PUEDE CAMBIARNOS LA VIDA!

No obstante, también **tienes que estar preparado para la resaca emocional** que puede arrastrar y que, en algunos casos, tarda días en pasarse.

EFECTOS NORMALES DE LA RESACA EMOCIONAL POSCONCIERTO

» **Tristeza.** Asimilar que aquello que te ha mantenido ilusionado ya ha terminado puede hacer que te sientas bajo de ánimos.

» **Monotema.** Vas a estar hablando de lo mismo durante días, ya sea en el trabajo, en casa, con tu pareja o por redes sociales.

» **Sonrisa imborrable.** Como tu mente estará todavía en el concierto, no te quitarás la sonrisa del rostro durante días.

» **Lágrimas.** Llorar es un sistema con el que canalizar todas las emociones que sientes, ya sea al escuchar de nuevo las canciones, al ver los vídeos del show o al charlar con otros fans sobre vuestra experiencia.

» **Alegría.** El subidón de adrenalina que sientes cuando tu artista favorito pone un pie en el escenario no se va así como así.

» **Obsesión.** Seguirás escuchando la música de tu grupo en bucle, revisarás las fotos y vídeos constantemente, buscarás en redes contenido sobre ellos...

» **Ansiedad.** ¡Querrás volver a verlos! Y sí, en ese estado de «quiero más», puede que te dé el venazo y empieces a buscar nuevas fechas a las que ir.

¿SABÍAS QUE...?

Hay personas que al salir de un concierto no recuerdan gran parte de lo que ha sucedido, incluso puede que no sepan decirte si una canción ha sonado o no. Este fenómeno se llama «amnesia posconcierto» y es más habitual de lo que creemos.

Aunque el show en sí haya terminado, aún tienes muchas formas de mantener vivo ese recuerdo y llevarte sorpresas. Apunta los siguientes consejos para que no se te escape nada y puedas alargar la sensación de bienestar postshow lo máximo posible.

ANTES DE SALIR DEL RECINTO

1. Si te gusta **coleccionar recuerdos,** no olvides llevarte algún trozo de confeti que la banda haya tirado para atesorarlo como merchandising. ¡Incluso hay algunos cantantes que lanzan flores!

2. **Llévate el setlist.** ¿Cómo? Pídeselo al personal de la mesa de sonido o a alguno de los músicos cuando estén despidiéndose del público. ¡Fuera la vergüenza!

3. Hay muchos artistas, como Alejandro Sanz, que personalizan **los vasos de plástico** de las bebidas que venden en el concierto. Es verdad que te hacen pagar unos euros por ellos y que si luego los devuelves, te dan el dinero de vuelta, pero... ¿no es mejor quedártelo de recuerdo para siempre?

4. **Pide el contacto** a las personas que tengas a tu alrededor durante el show. Seguro que tienen algún vídeo superchulo y puede que hasta aparezcas tú en ellos. ¡Son un recuerdo muy top!

5. **Haz un grupo de WhatsApp** con los fans que hayas recopilado y así podéis intercambiar material los unos con los otros. Y quién sabe, tal vez encuentres posibles acompañantes para futuros conciertos...

YA EN CASA

1. **Busca en redes sociales vídeos y fotos de otros fans.** El uso de hashtags es la forma más sencilla, sobre todo si tu banda es de las que utiliza uno concreto para cada ciudad que visita. También puedes buscar por el nombre del recinto, el de la gira...

2. **Chequea YouTube.** Muchos fans hacen vídeos muy pros. Haz búsquedas con términos relacionados o pon el título de canciones concretas (por lo general, la gente sube vídeos de un tema específico y etiqueta el vídeo con el título), y amplía así los documentos gráficos del concierto.

3. **Publica en tus propias redes imágenes y vídeos del show.** Haz stories que luego puedes fijar en un destacado, por ejemplo, o crea un reel de la experiencia completa.

4. **¡No olvides las redes sociales de los artistas!** Cada vez más crean contenido del previo, del durante y del post, y siempre es muy chulo ver esos vídeos.

5. **Etiqueta al grupo o cantante.** ¿Te imaginas que repostea tu story o tu publicación?

6. **Revisa la prensa.** Seguro que también se habrá hecho eco del concierto en cuestión, así que no te olvides de buscar qué se ha publicado y guardar esos recortes o links.

Después de esta labor prácticamente detectivesca, toca bajar a tierra todas las emociones y recuerdos, ponerlos en orden y canalizarlos de alguna manera. Voy a hablarte de estrategias que sirven para sobrellevar el síndrome posconcierto y que además nos ayudarán a mantener en nuestra memoria todo lo que ha pasado.

TIPS PARA SOBRELLEVAR EL SÍNDROME POSCONCIERTO

- Elabora una caja de recuerdos.
- Escribe sobre la experiencia y anota todo lo que recuerdes del show.
- Comparte tus experiencias en blogs, foros o redes sociales con otros fans.
- Apunta las interacciones que has tenido con el artista.
- Crea una carpeta con las fotos y vídeos del concierto en tu ordenador.
- Imprime alguna de las fotos chulas que hayas hecho y cuélgala en tu cuarto.

Si eres de las personas afortunadas que han hecho un *meet & greet*, aún tienes un subidón más en tu camino: la publicación de la foto con tu ídolo. Cada equipo de trabajo funciona de forma distinta, pero, por lo general, las imágenes están disponibles a los pocos días de haberse realizado. Tan solo tendrás que acceder a un sitio web, analizarla por todos los ángulos posibles y descargártela. Y de ahí, ¡a compartirla!

- Publícala en tus redes con todos los hashtags necesarios para que circule y sea localizable por el fandom y por el artista.
- Mándasela a tus contactos más preciados. ¡Es un fotón digno de mostrar!
- Póntela de fondo de pantalla en tu móvil y lleva contigo ese recuerdo maravilloso.
- Imprímela y ponla en tu habitación. ¡Es el mayor de tus trofeos como fan!

Aviso

Los *meet & greets* son adictivos. Sí, cuestan dinero y no son un básico... ¡hasta que los pruebas! Una vez que hayas hecho uno, se convertirán en parte de tu experiencia conciertera y cuando ahorres para tu siguiente gira, lo harás también para pagarte otro *meet*.

LA VIDA EN EL BACKSTAGE:
SI LOS CAMERINOS HABLASEN...

B-A-C-K-S-T-A-G-E.

La palabra en sí ya tiene todo el glamur del mundo. Literalmente significa «detrás del escenario» y hace referencia a todo lo que ocurre detrás de escena y que el público no puede ver. Su acceso es restringido y puede que eso sea parte del halo de misterio y del poder de atracción que tiene.

Y es que no hay fan que no sueñe con acceder a un backstage o zona de camerinos y ver qué se cuece ahí detrás. **En función del artista y del recinto en el que toque, será de una forma o de otra:** pequeños cuartos con poca iluminación, grandes salas con sofás y camillas incluidas, contenedores móviles habilitados para el espectáculo...

Pero, por lo general, todos tienen unos elementos básicos en común:

- Asientos, ya sean sillas, butacas o sofás.
- Toallas.
- Mesa de cáterin.

» Neveras con bebidas.

» Espejos.

» Burras para colgar la ropa.

» Aire acondicionado o ventiladores para las temperaturas sofocantes.

Hay que pensar que las zonas de camerinos, aunque no lo parezcan, **son lugares de trabajo.** Ahí no solo se mueven los artistas, que deben estar lo más cómodos posible antes y después de actuar, sino todo su equipo, personas que en ese momento están currando para que todo salga a la perfección.

Los fans sueñan con poder entrar y encontrarse con su cantante favorito, aunque sea de forma fugaz. ¿Es posible hacerlo de alguna manera?

¡Pues sí! Aquí van algunas ideas:

» **A través de sorteos.** Los medios de comunicación o la propia promotora del concierto pueden sortear el acceso a la zona del backstage.

» **Por el club de fans.** Hay artistas que reservan ciertas plazas de acceso a camerinos para sus socios.

» **Acreditados como prensa.** Si eres periodista, reportero gráfico, creador de contenido, etc., es factible que te den un pase que te permita moverte por el lugar.

» **Si conoces a alguien de la organización.**

» **Hablando con alguien de la *crew* del artista.** Los equipos que acompañan a las bandas y cantantes tienen un número de pulseras reservadas para invitados. ¿Y si te dieran una? ¡Todo puede pasar!

» **Invitado por el propio artista.** Y aquí nadie te podrá echar, ya que serás un vip total.

A continuación,
te comparto unos consejos básicos que siempre tengo en mente cuando entro a una zona de camerinos y que te pueden servir en futuras ocasiones.

¡Tenlos presentes y disfruta de la experiencia!

TIPS PARA COMPORTARTE DENTRO DE UN CAMERINO

1. Guarda el móvil.
2. No cojas nada sin permiso.
3. No te metas en zonas privadas.
4. No entorpezcas las zonas de paso.
5. Lleva tu pulsera o *badge* en un lugar visible.
6. Busca una referencia. Ten siempre claro quién te ha metido ahí dentro por si alguien te pregunta.
7. Controla la emoción. Ni se te ocurra ponerte a gritar al ver a tu ídolo.

CÓMO ACTUAR ANTE TU ÍDOLO

Tener la oportunidad de conocer a tu artista favorito es algo que pocas personas pueden decir. **Pero hay veces en que esos encuentros no resultan como imaginamos.** No esperes que sean superhéroes: también tienen días malos o pueden encontrarse mal. Piensa que se pasan meses fuera de casa, de hotel en hotel, comiendo a deshoras, sin ver a sus familiares y amigos, de un avión a otro, durmiendo a ratos, perdiéndose momentos importantes como celebraciones de cumpleaños, bodas, fallecimientos... Es importante entender el tipo de vida que llevan y empatizar con ellos.

Aquí van **algunos consejos** por si algún día tienes a tu ídolo delante de ti:

- No te quedes embobado y háblale.
- Si te lo encuentras por la calle, no le agobies pidiéndole diez fotos, quince autógrafos o que le grabe un audio a tu mejor amiga.
- Si te lo cruzas mientras está de vacaciones..., ¡no lo postees!
- Si lo ves en un restaurante..., ¡déjale comer tranquilo!

TIP EXTRA: Esto es muy personal, pero, en mi caso, no suelo publicar las fotos que me hago en los camerinos con los artistas. A no ser que sea una imagen en una zona de acceso público o de photocall, no me parece correcto subir a redes imágenes de un espacio íntimo del cantante, en las que puede aparecer su ropa tirada, restos de lo que está comiendo y bebiendo o cualquier objeto suyo.

SÉ UN BUEN FAN:
NO TE CONVIERTAS EN UN STALKER

Como ya hemos visto, existen diversos tipos de fans y hay algunos que, más allá de ver a su artista en concierto y de disfrutar de su música, lo que ansían es verlo de cerca, intercambiar unas palabras y hacerse algunas fotos. ¿Es esto posible? Sí, aunque con matices. ¿De qué dependerá que pueda estar frente a mi ídolo? Pues estos son algunos factores:

» **La fama que tenga.** Cuanto más internacionales y exitosos son, más cuesta acercarse a ellos.

» **El tiempo que se quede.** No es lo mismo que haga noche en hoteles a que se marche de la ciudad nada más terminar el show.

» **Si hace *meet & greets*.**

» **El país donde esté.** Si un artista es megafamoso en Reino Unido, pero su audiencia en España es menor, es más posible que si está de gira en una ciudad española salga a pasear y se deje ver en sitios públicos.

» **La predisposición del cantante.** Es así. Al final, los artistas son quienes marcan la frontera de lo accesibles que quieren llegar a ser.

Más allá de estos factores que son completamente ajenos al público, hay tácticas que, como fans, podemos seguir para intentar llegar a nuestros ídolos. Aviso: no es tarea fácil y se requiere mucha dedicación y ganas.

A continuación, te cuento algunos trucos para que puedas llegar a estar cerca de tus artistas favoritos y hacer tu sueño realidad.

LUGARES DONDE ENCONTRAR A TUS ÍDOLOS

1. Parte trasera del recinto

La puerta por la que acceden los artistas a las salas y recintos no es la misma por la que entra el público, evidentemente. Una estrategia para verlos es dirigirte a ese acceso que, por lo general, está en el lado opuesto a la entrada principal. Sí o sí tendrán que bajar de la furgoneta y ese es el momento clave en el que establecer el contacto. Generalmente sí que se paran, por lo menos a saludar.

IMPORTANTE: Hay artistas que viajan acompañados de sus familias. Ten cuidado de no molestarlos, sobre todo si hay niños pequeños. No los grabes con el móvil ni te pongas a gritar, podrías incomodarlos o asustarlos.

Después del show también puedes acudir a la puerta trasera para verlos salir, aunque en este caso es más complicado que los veas. Uno, porque están cansados, y dos, porque en muchas ocasiones ya han abandonado el recinto antes de que el público salga.

2. Pruebas de sonido

Esto tampoco es una ciencia exacta, porque cada grupo tendrá sus propios horarios. Hay artistas que hacen las pruebas de sonido unas horas antes del show, mientras que otros las realizan por la mañana y luego se marchan a descansar hasta la hora del concierto. Pero si estás haciendo cola desde primera hora, puede que los veas llegar para el *soundcheck*. ¡Y es tu oportunidad para tenerlos cerca!

Recuerda: Hay artistas que venden tickets para acceder a las pruebas de sonido. Son experiencias que valen mucho la pena porque puedes verlos y escucharlos tocar unos cuantos temas rodeado de muy poca gente. Algunos incluso hacen preguntas y respuestas con el público.

3. Aeropuertos y estaciones

Los artistas también viajan en tren y en avión. Como las estaciones y los aeropuertos son lugares de libre acceso (hasta la zona de embarque y controles de seguridad, obviamente), siempre puedes intentar verlos allí.

Lo que necesitas saber para ver a tus ídolos en el aeropuerto

» **En qué vuelo viajan.** Bastará con saber de dónde vienen y buscar qué vuelos aterrizan en tu ciudad desde ese origen.

» **Ir a la zona de llegadas.** Superimportante. Puedes ponerte en la puerta de salida y verlos llegar, como en las pelis, aunque muchos artistas no salen por la zona de la gente corriente y son llevados a puertas especiales.

» **Vigilar las furgonetas.** Si ves un conjunto de furgonetas negras tintadas..., ¡ahí se cuecen cosas!

» **Zonas vip.** Aeropuertos y estaciones cuentan con zonas vip a las que no todo el mundo tiene acceso. Es posible que antes de embarcar estén allí. Espera a que salgan.

» **¿Fuman?** ¡Estás de suerte! Para echar un cigarrillo tendrán que salir al exterior... ¡y ahí puedes encontrarte con ellos!

- **Vuelos privados.** Aquí la cosa se complica un poco. Hay artistas que no van en vuelos regulares y que cuentan con sus propios jets, que aterrizan en una zona distinta con accesos muy restringidos.

RECUERDA:

Los artistas suelen pasar por unos controles aparte, no con todos los viajeros. Lo mismo ocurre con los embarques: los dejan los últimos, cuando todos los pasajeros ya están sentados en el avión. En el caso de las grandes estrellas, se corren las cortinas para que vayan a la zona de primera clase sin que nadie los vea. ¿Te imaginas estar volando en el mismo avión que tu ídolo sin enterarte?

El recurso de ir al aeropuerto **no siempre es garantía de éxito** y hay que ser consciente de ello. Ser fan implica saber manejar la frustración en estos casos porque no siempre va a salir todo como quieres. Y sí, estar esperando para ver a tu ídolo es muy cansado:

- Pasas hambre.
- Tienes frío o calor.
- Te viene el sueño.
- Te duelen los pies.
- Necesitas ir al baño y no puedes porque no hay uno cerca.

Otro de los inconvenientes es que los aeropuertos suelen estar alejados de la ciudad, con lo que hay que invertir tiempo y dinero en ese desplazamiento. En cambio, las estaciones de tren están en puntos céntricos y es más sencillo llegar a ellas. En definitiva, hacer guardia es agotador y no tiene garantías. Así que, antes de lanzarte a la aventura, valora si te merece la pena.

4. Ir al hotel donde se alojan

Esta es una de las estrategias míticas de los fans. Desde hace décadas, los seguidores se agolpan a las puertas de los hoteles donde están sus ídolos con la esperanza de verlos. ¿Es buena idea? Depende del artista. Los hay que se dejan ver e incluso dan pistas en redes sociales de dónde están alojados; en cambio, hay otros que buscan privacidad y que son superdiscretos.

¿Cómo saber si es adecuado o no ir?

» **Si el artista lo hace público.** Si el propio cantante publica en sus redes imágenes del lugar en el que se aloja, quiere decir que no está tan preocupado por mantenerlo en secreto.

» **Si utiliza los accesos abiertos al público y atiende a los fans.** Si ves a otros fans subiendo fotos con tu ídolo en la puerta del hotel y ves que ha estado atendiendo a sus seguidores, no hay motivos para quedarse en casa. ¡Ve ASAP!

Una de las preguntas que más me hacen es la de **cómo averiguo los hoteles donde se alojan mis ídolos.** Hace unos años era algo complicado, pero las redes sociales han facilitado mucho la vida de los fans. Aquí van algunas ideas que te pueden servir:

Cómo encontrar el hotel de mis ídolos

» Haz un listado de los hoteles más top de la ciudad y comienza la investigación por ahí.

» Si han hecho una publicación en redes, analiza qué hay de fondo para intentar ubicar el hotel.

» Busca en redes sociales en qué otros hoteles han estado. Es posible que tengan un acuerdo con la cadena hotelera.

» Si ya fueron a tu ciudad en el pasado, es posible que repitan hotel.

» Organízate con otros fans. Que unos vayan a un hotel y otros a otro.

» ¿Hay furgonetas negras en la puerta? ¡Es posible que sea ahí!

» Si sigues al equipo del artista en redes, ya sea al tour manager o a los seguratas, puede que te den una pista de dónde están.

» ¿Hay fans en la puerta? ¡Bingo!

¡Ya sabes en qué hotel se alojan tus ídolos!

¡Bravo! Ahora bien, debes tener cuidado y no olvidarte de que, por muy fan que seas y por mucha ilusión que tengas en conocerle, **no todo vale.** Los artistas pueden ser abiertos y cercanos con sus fans, pero hay ciertos límites que debes respetar para no sobrepasarte.

» No te pongas a gritar al verlos.

» Si te haces una foto, permite que otros fans también lo hagan. Apártate y deja turno al siguiente.

» No los persigas. Una vez suban a un coche o se vayan caminando, ni se te ocurra ir tras ellos.

» Si te piden que no les hagas fotos..., ¡no lo hagas!

» Si el hotel es algo que has descubierto por tu cuenta y no está muy concurrido porque los fans no lo saben, no publiques la foto en redes.

» No te tires encima de ellos para tocarlos, besarlos y hacerles fotos.

» No los avasalles cuando vayan cargados con maletas o hablando con alguien.

Algo que muchos fans desconocen es que pueden entrar en los hoteles sin ser huéspedes. Nadie te prohíbe el paso si quieres ir a la cafetería a tomar algo o al restaurante a comer o cenar.

Eso sí, compórtate de forma correcta y no llames la atención, o lograrás que te echen. Los trabajadores de los hoteles, sobre todo el personal de seguridad, saben que cuentan con un artista como cliente y tienen la atención puesta en la gente que entra y sale para evitar problemas. ¡Hay mil ojos!

¿Estás dentro del hotel? NI SE TE OCURRA...

- Ponerte en la puerta del ascensor a esperar a que bajen los artistas.
- Meterte en el ascensor. ¿Adónde pretendes ir?
- Colarte en el desayuno mientras tu cantante está ahí.
- Aparecer con la camiseta de tu grupo y todo el merchandising que tengas.
- Ir con el móvil preparado para grabar cuando te los encuentres.

LUGAR	PROS	CONTRAS
PARTE TRASERA DEL RECINTO	* CONSEGUIR FIRMAS Y FOTOS * CHARLAR CON ELLOS * POCA GENTE	* HORAS DE ESPERA * PERDER TU SITIO EN LA COLA * QUE NO SE DEJEN VER
PRUEBAS DE SONIDO	* POCA GENTE * CONSEGUIR FIRMAS Y FOTOS * ESCUCHARLOS TOCANDO	* HORAS DE ESPERA * HORARIOS SIN ASEGURAR * PERDER TU SITIO EN LA COLA

LUGAR	PROS	CONTRAS
AEROPUERTO/ ESTACIÓN	* VERLOS DE CERCA Y HABLAR CON ELLOS * FOTOS Y AUTÓGRAFOS	* RIESGO DE QUE USEN PUERTAS ESCONDIDAS * QUE HAYA MUCHOS FANS Y NO PUEDAS VERLOS BIEN * QUE LA SEGURIDAD DEL AEROPUERTO HAGA BARRERA * MUCHAS HORAS DE ESPERA * TRAYECTOS LARGOS Y COSTOSOS
HOTEL	* VERLOS DE CERCA Y HABLAR CON ELLOS * FOTOS Y AUTÓGRAFOS * ESTÁN LOCALIZABLES EN UN SITIO * NO HAY QUE HACER COLA	* QUE SALGAN POR OTRA PUERTA * QUE NO SALGAN DEL HOTEL * QUE EL HOTEL PONGA SEGURIDAD Y NO PERMITA QUE TE ACERQUES

TIPS DEL BUEN FAN

Todo fan sueña con pasar un ratito cara a cara con su ídolo, pero hay personas a las que a veces se les va de las manos. La emoción puede hacer que no veamos que lo que estamos haciendo se sale de las normas de la lógica, por eso te incluyo algunos consejos para que tus cantantes favoritos no quieran huir al verte.

1. No vayas a su casa.
2. No lo sigas en coche.
3. Si lo ves en condiciones extrañas, no le hagas vídeos/fotos.
4. Si percibes que el artista no está de buen humor, está agobiado por algo o no se siente bien, no te acerques a pedirle nada.

MI DIARIO

DE CONCIERTOS

WISHLIST: ARTISTAS A LO

NOMBRE DEL ARTISTA	¿CONSEGUIDO?
1.	☐
2.	☐
3.	☐
4.	☐
5.	☐
6.	☐
7.	☐
8.	☐
9.	☐
10.	☐

	NOMBRE DEL ARTISTA	¿CONSEGUIDO?
11.	....	☐
12.	....	☐
13.	....	☐
14.	....	☐
15.	....	☐
16.	....	☐
17.	....	☐
18.	....	☐
19.	....	☐
20.	....	☐

PLANIFICADORES MENSUALES

ENERO

LUNES	MARTES	MIÉRCOLES	JUEVES	VIERNES	SÁBADO	DOMINGO

FEBRERO

LUNES	MARTES	MIÉRCOLES	JUEVES	VIERNES	SÁBADO	DOMINGO

MARZO

LUNES	MARTES	MIÉRCOLES	JUEVES	VIERNES	SÁBADO	DOMINGO

ABRIL

LUNES	MARTES	MIÉRCOLES	JUEVES	VIERNES	SÁBADO	DOMINGO

MAYO

LUNES	MARTES	MIÉRCOLES	JUEVES	VIERNES	SÁBADO	DOMINGO

JUNIO

LUNES	MARTES	MIÉRCOLES	JUEVES	VIERNES	SÁBADO	DOMINGO

JULIO

LUNES	MARTES	MIÉRCOLES	JUEVES	VIERNES	SÁBADO	DOMINGO

AGOSTO

LUNES	MARTES	MIÉRCOLES	JUEVES	VIERNES	SÁBADO	DOMINGO

SEPTIEMBRE

LUNES	MARTES	MIÉRCOLES	JUEVES	VIERNES	SÁBADO	DOMINGO

OCTUBRE

LUNES	MARTES	MIÉRCOLES	JUEVES	VIERNES	SÁBADO	DOMINGO

NOVIEMBRE

LUNES	MARTES	MIÉRCOLES	JUEVES	VIERNES	SÁBADO	DOMINGO

DICIEMBRE

LUNES	MARTES	MIÉRCOLES	JUEVES	VIERNES	SÁBADO	DOMINGO

PLANIFICADOR ANUAL

ENERO

* ....
* ....
* ....
* ....
* ....

FEBRERO

* ....
* ....
* ....
* ....
* ....

MAYO

* ....
* ....
* ....
* ....
* ....

JUNIO

* ....
* ....
* ....
* ....
* ....

SEPTIEMBRE

* ....
* ....
* ....
* ....
* ....

OCTUBRE

* ....
* ....
* ....
* ....
* ....

MARZO

* ....
* ....
* ....
* ....
* ....

ABRIL

* ....
* ....
* ....
* ....
* ....

JULIO

* ....
* ....
* ....
* ....
* ....

AGOSTO

* ....
* ....
* ....
* ....
* ....

NOVIEMBRE

* ....
* ....
* ....
* ....
* ....

DICIEMBRE

* ....
* ....
* ....
* ....
* ....

1 Ficha de CONCIERTO

ARTISTA:

FECHA: HORA: APERTURA PUERTAS:

CIUDAD: RECINTO:

NOMBRE DE LA GIRA:

TIPO DE ENTRADA: COMPRADA:

CON QUIÉN VOY:

PUNTO DE ENCUENTRO:

Concierto EN mi ciudad

¿CÓMO LLEGO?

COCHE TRANSPORTE PÚBLICO

¿CUÁNTO TARDO?

¿A QUÉ HORA SALGO DE CASA?

¿CÓMO VUELVO?

Concierto FUERA de mi ciudad

¿CÓMO LLEGO?

AVIÓN TREN COCHE BUS

¿CUÁNTO TARDO?

¿NECESITO ALOJAMIENTO?

DÓNDE ME QUEDO:

HORA SALIDA ALOJAMIENTO:

¿CÓMO VUELVO?

----- PUNTOS DE INTERÉS CERCA DEL CONCIERTO ------

» SUPERMERCADO:

» CENTRO COMERCIAL:

» RESTAURANTE:

» CAFETERÍA:

MI OUTFIT

Prendas:

- ....
- ....
- ....
- ....
- ....

Accesorios:

- ....
- ....
- ....
- ....
- ....

¡NO ME PUEDO OLVIDAR!

* CARGADOR DEL MÓVIL
* LLAVES DE CASA
* AGUA PARA LA COLA
*
*
*
*
*
*

PRESUPUESTO

Previsión

ENTRADA: ....

TRANSPORTE: ....

COMIDA: ....

ALOJAMIENTO: ....

MERCHANDISING: ....

TOTAL

Gasto final

ENTRADA: ....

TRANSPORTE: ....

COMIDA: ....

ALOJAMIENTO: ....

MERCHANDISING: ....

TOTAL

SETLIST

1 ....
2 ....
3 ....
4 ....
5 ....
6 ....
7 ....
8 ....
9 ....
10 ....
11 ....
12 ....
13 ....
14 ....
15 ....
16 ....
17 ....
18 ....
19 ....
BIS ....

MIS IMPRESIONES

LO QUE MÁS ME HA GUSTADO: ....

....

....

LO QUE MENOS ME HA GUSTADO: ....

....

....

INTERACCIONES CON MI ARTISTA:

REPETIRÍA: ☐

NO REPETIRÍA: ☐

VALORACIÓN GENERAL:

☆☆☆☆☆

¿Cuántas estrellas le pones?

Usa esta página para PEGAR TUS RECUERDOS

(entradas, pulseras, fotos...)

2 Ficha de CONCIERTO

ARTISTA:

FECHA: HORA: APERTURA PUERTAS:

CIUDAD: RECINTO:

NOMBRE DE LA GIRA:

TIPO DE ENTRADA: COMPRADA:

CON QUIÉN VOY:

PUNTO DE ENCUENTRO:

Concierto EN mi ciudad

¿CÓMO LLEGO?

COCHE TRANSPORTE PÚBLICO

¿CUÁNTO TARDO?

¿A QUÉ HORA SALGO DE CASA?

¿CÓMO VUELVO?

Concierto FUERA de mi ciudad

¿CÓMO LLEGO?

AVIÓN TREN COCHE BUS

¿CUÁNTO TARDO?

¿NECESITO ALOJAMIENTO?

DÓNDE ME QUEDO:

HORA SALIDA ALOJAMIENTO:

¿CÓMO VUELVO?

----- PUNTOS DE INTERÉS CERCA DEL CONCIERTO ------

» SUPERMERCADO: ....

» CENTRO COMERCIAL: ....

» RESTAURANTE: ....

» CAFETERÍA: ....

MI OUTFIT

Prendas:

- ....
- ....
- ....
- ....
- ....

Accesorios:

- ....
- ....
- ....
- ....
- ....

¡NO ME PUEDO OLVIDAR!

* CARGADOR DEL MÓVIL
* LLAVES DE CASA
* AGUA PARA LA COLA
*
*
*
*
*
*

PRESUPUESTO

Previsión

ENTRADA: ....

TRANSPORTE: ....

COMIDA: ....

ALOJAMIENTO: ....

MERCHANDISING: ....

TOTAL

Gasto final

ENTRADA: ....

TRANSPORTE: ....

COMIDA: ....

ALOJAMIENTO: ....

MERCHANDISING: ....

TOTAL

SETLIST

1

2

3

4

5

6

7

8

9

10

11

12

13

14

15

16

17

18

19

BIS

MIS IMPRESIONES

LO QUE MÁS ME HA GUSTADO:

LO QUE MENOS ME HA GUSTADO:

INTERACCIONES CON MI ARTISTA:

REPETIRÍA: ☐

NO REPETIRÍA: ☐

VALORACIÓN GENERAL:

☆☆☆☆☆

¿Cuántas estrellas le pones?

Usa esta página para PEGAR TUS RECUERDOS

(entradas, pulseras, fotos...)

3 Ficha de CONCIERTO

ARTISTA:

FECHA: HORA: APERTURA PUERTAS:

CIUDAD: RECINTO:

NOMBRE DE LA GIRA:

TIPO DE ENTRADA: COMPRADA:

CON QUIÉN VOY:

PUNTO DE ENCUENTRO:

Concierto EN mi ciudad

¿CÓMO LLEGO?

COCHE TRANSPORTE PÚBLICO

¿CUÁNTO TARDO?

¿A QUÉ HORA SALGO DE CASA?

¿CÓMO VUELVO?

Concierto FUERA de mi ciudad

¿CÓMO LLEGO?

AVIÓN TREN COCHE BUS

¿CUÁNTO TARDO?

¿NECESITO ALOJAMIENTO?

DÓNDE ME QUEDO:

HORA SALIDA ALOJAMIENTO:

¿CÓMO VUELVO?

----- PUNTOS DE INTERÉS CERCA DEL CONCIERTO ------

» SUPERMERCADO:

....

» CENTRO COMERCIAL:

....

» RESTAURANTE:

....

» CAFETERÍA:

....

MI OUTFIT

Prendas:

- ....
- ....
- ....
- ....
- ....

Accesorios:

- ....
- ....
- ....
- ....
- ....

¡NO ME PUEDO OLVIDAR!

* CARGADOR DEL MÓVIL
* LLAVES DE CASA
* AGUA PARA LA COLA
*
*
*
*
*
*

PRESUPUESTO

Previsión

ENTRADA: ....

TRANSPORTE: ....

COMIDA: ....

ALOJAMIENTO: ....

MERCHANDISING: ....

TOTAL

Gasto final

ENTRADA: ....

TRANSPORTE: ....

COMIDA: ....

ALOJAMIENTO: ....

MERCHANDISING: ....

TOTAL

SETLIST

1 ....
2 ....
3 ....
4 ....
5 ....
6 ....
7 ....
8 ....
9 ....
10 ....
11 ....
12 ....
13 ....
14 ....
15 ....
16 ....
17 ....
18 ....
19 ....
BIS ....

MIS IMPRESIONES

LO QUE MÁS ME HA GUSTADO: ....

LO QUE MENOS ME HA GUSTADO: ....

INTERACCIONES CON MI ARTISTA:

REPETIRÍA: ☐

NO REPETIRÍA: ☐

VALORACIÓN GENERAL:

☆☆☆☆☆

¿Cuántas estrellas le pones?

Usa esta página para PEGAR TUS RECUERDOS

(entradas, pulseras, fotos...)

4 Ficha de CONCIERTO

ARTISTA:

FECHA: HORA: APERTURA PUERTAS:

CIUDAD: RECINTO:

NOMBRE DE LA GIRA:

TIPO DE ENTRADA: COMPRADA:

CON QUIÉN VOY:

PUNTO DE ENCUENTRO:

Concierto EN mi ciudad

¿CÓMO LLEGO?

COCHE ☐ TRANSPORTE PÚBLICO ☐

¿CUÁNTO TARDO?

¿A QUÉ HORA SALGO DE CASA?

¿CÓMO VUELVO?

Concierto FUERA de mi ciudad

¿CÓMO LLEGO?

AVIÓN ☐ TREN ☐ COCHE ☐ BUS ☐

¿CUÁNTO TARDO?

¿NECESITO ALOJAMIENTO?

DÓNDE ME QUEDO:

HORA SALIDA ALOJAMIENTO:

¿CÓMO VUELVO?

----- PUNTOS DE INTERÉS CERCA DEL CONCIERTO ------

» SUPERMERCADO:

....

» CENTRO COMERCIAL:

....

» RESTAURANTE:

....

» CAFETERÍA:

....

MI OUTFIT

Prendas:

- ....
- ....
- ....
- ....
- ....

Accesorios:

- ....
- ....
- ....
- ....
- ....

¡NO ME PUEDO OLVIDAR!

* CARGADOR DEL MÓVIL
* LLAVES DE CASA
* AGUA PARA LA COLA
*
*
*
*
*
*

PRESUPUESTO

Previsión

ENTRADA: ....

TRANSPORTE: ....

COMIDA: ....

ALOJAMIENTO: ....

MERCHANDISING: ....

TOTAL

Gasto final

ENTRADA: ....

TRANSPORTE: ....

COMIDA: ....

ALOJAMIENTO: ....

MERCHANDISING: ....

TOTAL

SETLIST

1 ....
2 ....
3 ....
4 ....
5 ....
6 ....
7 ....
8 ....
9 ....
10 ....
11 ....
12 ....
13 ....
14 ....
15 ....
16 ....
17 ....
18 ....
19 ....
BIS ....

MIS IMPRESIONES

LO QUE MÁS ME HA GUSTADO: ....

LO QUE MENOS ME HA GUSTADO: ....

INTERACCIONES CON MI ARTISTA:

REPETIRÍA: ☐

NO REPETIRÍA: ☐

VALORACIÓN GENERAL:

☆ ☆ ☆ ☆ ☆

¿Cuántas estrellas le pones?

Usa esta página para PEGAR TUS RECUERDOS

(entradas, pulseras, fotos...)

5 Ficha de CONCIERTO

ARTISTA:

FECHA: HORA: APERTURA PUERTAS:

CIUDAD: RECINTO:

NOMBRE DE LA GIRA:

TIPO DE ENTRADA: COMPRADA:

CON QUIÉN VOY:

PUNTO DE ENCUENTRO:

Concierto EN mi ciudad

¿CÓMO LLEGO?

COCHE TRANSPORTE PÚBLICO

¿CUÁNTO TARDO?

¿A QUÉ HORA SALGO DE CASA?

¿CÓMO VUELVO?

Concierto FUERA de mi ciudad

¿CÓMO LLEGO?

AVIÓN TREN COCHE BUS

¿CUÁNTO TARDO?

¿NECESITO ALOJAMIENTO?

DÓNDE ME QUEDO:

HORA SALIDA ALOJAMIENTO:

¿CÓMO VUELVO?

----- PUNTOS DE INTERÉS CERCA DEL CONCIERTO ------

» SUPERMERCADO:

....

» CENTRO COMERCIAL:

....

» RESTAURANTE:

....

» CAFETERÍA:

....

MI OUTFIT

Prendas:

- ....
- ....
- ....
- ....
- ....

Accesorios:

- ....
- ....
- ....
- ....
- ....

¡NO ME PUEDO OLVIDAR!

* CARGADOR DEL MÓVIL
* LLAVES DE CASA
* AGUA PARA LA COLA
*
*
*
*
*
*

PRESUPUESTO

Previsión

ENTRADA: ....

TRANSPORTE: ....

COMIDA: ....

ALOJAMIENTO: ....

MERCHANDISING: ....

TOTAL

Gasto final

ENTRADA: ....

TRANSPORTE: ....

COMIDA: ....

ALOJAMIENTO: ....

MERCHANDISING: ....

TOTAL

SETLIST

1 ....
2 ....
3 ....
4 ....
5 ....
6 ....
7 ....
8 ....
9 ....
10 ....
11 ....
12 ....
13 ....
14 ....
15 ....
16 ....
17 ....
18 ....
19 ....
BIS ....

MIS IMPRESIONES

LO QUE MÁS ME HA GUSTADO: ....

LO QUE MENOS ME HA GUSTADO: ....

INTERACCIONES CON MI ARTISTA:

REPETIRÍA: ☐

NO REPETIRÍA: ☐

VALORACIÓN GENERAL:

☆☆☆☆☆

¿Cuántas estrellas le pones?

Usa esta página para PEGAR TUS RECUERDOS

(entradas, pulseras, fotos...)

6 Ficha de CONCIERTO

ARTISTA:

FECHA: HORA: APERTURA PUERTAS:

CIUDAD: RECINTO:

NOMBRE DE LA GIRA:

TIPO DE ENTRADA: COMPRADA:

CON QUIÉN VOY:

PUNTO DE ENCUENTRO:

Concierto EN mi ciudad

¿CÓMO LLEGO?

COCHE TRANSPORTE PÚBLICO

¿CUÁNTO TARDO?

¿A QUÉ HORA SALGO DE CASA?

¿CÓMO VUELVO?

Concierto FUERA de mi ciudad

¿CÓMO LLEGO?

AVIÓN TREN COCHE BUS

¿CUÁNTO TARDO?

¿NECESITO ALOJAMIENTO?

DÓNDE ME QUEDO:

HORA SALIDA ALOJAMIENTO:

¿CÓMO VUELVO?

----- PUNTOS DE INTERÉS CERCA DEL CONCIERTO ------

» SUPERMERCADO:

....

» CENTRO COMERCIAL:

....

» RESTAURANTE:

....

» CAFETERÍA:

....

MI OUTFIT

Prendas:

- ....
- ....
- ....
- ....
- ....

Accesorios:

- ....
- ....
- ....
- ....
- ....

¡NO ME PUEDO OLVIDAR!

* CARGADOR DEL MÓVIL
* LLAVES DE CASA
* AGUA PARA LA COLA
*
*
*
*
*
*

PRESUPUESTO

Previsión

ENTRADA: ....

TRANSPORTE: ....

COMIDA: ....

ALOJAMIENTO: ....

MERCHANDISING: ....

TOTAL

Gasto final

ENTRADA: ....

TRANSPORTE: ....

COMIDA: ....

ALOJAMIENTO: ....

MERCHANDISING: ....

TOTAL

SETLIST

1 ....

2 ....

3 ....

4 ....

5 ....

6 ....

7 ....

8 ....

9 ....

10 ....

11 ....

12 ....

13 ....

14 ....

15 ....

16 ....

17 ....

18 ....

19 ....

BIS ....

MIS IMPRESIONES

LO QUE MÁS ME HA GUSTADO: ....

....

....

LO QUE MENOS ME HA GUSTADO: ....

....

....

INTERACCIONES CON MI ARTISTA:

REPETIRÍA: ☐

NO REPETIRÍA: ☐

VALORACIÓN GENERAL:

☆☆☆☆☆

¿Cuántas estrellas le pones?

Usa esta página para PEGAR TUS RECUERDOS

(entradas, pulseras, fotos...)

7 Ficha de CONCIERTO

ARTISTA:

FECHA: HORA: APERTURA PUERTAS:

CIUDAD: RECINTO:

NOMBRE DE LA GIRA:

TIPO DE ENTRADA: COMPRADA:

CON QUIÉN VOY:

PUNTO DE ENCUENTRO:

Concierto EN mi ciudad

¿CÓMO LLEGO?

COCHE TRANSPORTE PÚBLICO

¿CUÁNTO TARDO?

¿A QUÉ HORA SALGO DE CASA?

¿CÓMO VUELVO?

Concierto FUERA de mi ciudad

¿CÓMO LLEGO?

AVIÓN TREN COCHE BUS

¿CUÁNTO TARDO?

¿NECESITO ALOJAMIENTO?

DÓNDE ME QUEDO:

HORA SALIDA ALOJAMIENTO:

¿CÓMO VUELVO?

----- PUNTOS DE INTERÉS CERCA DEL CONCIERTO ------

» SUPERMERCADO:

....

» CENTRO COMERCIAL:

....

» RESTAURANTE:

....

» CAFETERÍA:

....

MI OUTFIT

Prendas:

- ....
- ....
- ....
- ....
- ....

Accesorios:

- ....
- ....
- ....
- ....
- ....

¡NO ME PUEDO OLVIDAR!

* CARGADOR DEL MÓVIL
* LLAVES DE CASA
* AGUA PARA LA COLA
*
*
*
*
*
*

PRESUPUESTO

Previsión

ENTRADA: ....

TRANSPORTE: ....

COMIDA: ....

ALOJAMIENTO: ....

MERCHANDISING: ....

TOTAL

Gasto final

ENTRADA: ....

TRANSPORTE: ....

COMIDA: ....

ALOJAMIENTO: ....

MERCHANDISING: ....

TOTAL

SETLIST

1 ....
2 ....
3 ....
4 ....
5 ....
6 ....
7 ....
8 ....
9 ....
10 ....
11 ....
12 ....
13 ....
14 ....
15 ....
16 ....
17 ....
18 ....
19 ....
BIS ....

MIS IMPRESIONES

LO QUE MÁS ME HA GUSTADO: ....

LO QUE MENOS ME HA GUSTADO: ....

INTERACCIONES CON MI ARTISTA:

REPETIRÍA: ☐

NO REPETIRÍA: ☐

VALORACIÓN GENERAL:

☆☆☆☆☆

¿Cuántas estrellas le pones?

Usa esta página para **PEGAR TUS RECUERDOS**

(entradas, pulseras, fotos...)

8 Ficha de CONCIERTO

ARTISTA:

FECHA: HORA: APERTURA PUERTAS:

CIUDAD: RECINTO:

NOMBRE DE LA GIRA:

TIPO DE ENTRADA: COMPRADA:

CON QUIÉN VOY:

PUNTO DE ENCUENTRO:

Concierto EN mi ciudad

¿CÓMO LLEGO?

COCHE ☐ TRANSPORTE PÚBLICO ☐

¿CUÁNTO TARDO?

¿A QUÉ HORA SALGO DE CASA?

¿CÓMO VUELVO?

Concierto FUERA de mi ciudad

¿CÓMO LLEGO?

AVIÓN ☐ TREN ☐ COCHE ☐ BUS ☐

¿CUÁNTO TARDO?

¿NECESITO ALOJAMIENTO?

DÓNDE ME QUEDO:

HORA SALIDA ALOJAMIENTO:

¿CÓMO VUELVO?

----- PUNTOS DE INTERÉS CERCA DEL CONCIERTO ------

» SUPERMERCADO:

....

» CENTRO COMERCIAL:

....

» RESTAURANTE:

....

» CAFETERÍA:

....

MI OUTFIT

Prendas:

- ....
- ....
- ....
- ....
- ....

Accesorios:

- ....
- ....
- ....
- ....
- ....

¡NO ME PUEDO OLVIDAR!

* CARGADOR DEL MÓVIL
* LLAVES DE CASA
* AGUA PARA LA COLA
*
*
*
*
*
*

PRESUPUESTO

Previsión

ENTRADA: ....

TRANSPORTE: ....

COMIDA: ....

ALOJAMIENTO: ....

MERCHANDISING: ....

TOTAL

Gasto final

ENTRADA: ....

TRANSPORTE: ....

COMIDA: ....

ALOJAMIENTO: ....

MERCHANDISING: ....

TOTAL

SETLIST

1 ....
2 ....
3 ....
4 ....
5 ....
6 ....
7 ....
8 ....
9 ....
10 ....
11 ....
12 ....
13 ....
14 ....
15 ....
16 ....
17 ....
18 ....
19 ....
BIS ....

MIS IMPRESIONES

LO QUE MÁS ME HA GUSTADO: ....

LO QUE MENOS ME HA GUSTADO: ....

INTERACCIONES CON MI ARTISTA:

REPETIRÍA: ☐

NO REPETIRÍA: ☐

VALORACIÓN GENERAL:

☆ ☆ ☆ ☆ ☆

¿Cuántas estrellas le pones?

Usa esta página para PEGAR TUS RECUERDOS

(entradas, pulseras, fotos...)

9 Ficha de CONCIERTO

ARTISTA:

FECHA: HORA: APERTURA PUERTAS:

CIUDAD: RECINTO:

NOMBRE DE LA GIRA:

TIPO DE ENTRADA: COMPRADA:

CON QUIÉN VOY:

PUNTO DE ENCUENTRO:

Concierto EN mi ciudad

¿CÓMO LLEGO?

COCHE TRANSPORTE PÚBLICO

¿CUÁNTO TARDO?

¿A QUÉ HORA SALGO DE CASA?

¿CÓMO VUELVO?

Concierto FUERA de mi ciudad

¿CÓMO LLEGO?

AVIÓN TREN COCHE BUS

¿CUÁNTO TARDO?

¿NECESITO ALOJAMIENTO?

DÓNDE ME QUEDO:

HORA SALIDA ALOJAMIENTO:

¿CÓMO VUELVO?

----- PUNTOS DE INTERÉS CERCA DEL CONCIERTO ------

» SUPERMERCADO:

....

» CENTRO COMERCIAL:

....

» RESTAURANTE:

....

» CAFETERÍA:

....

MI OUTFIT

Prendas:

- ....
- ....
- ....
- ....
- ....

Accesorios:

- ....
- ....
- ....
- ....
- ....

¡NO ME PUEDO OLVIDAR!

* CARGADOR DEL MÓVIL
* LLAVES DE CASA
* AGUA PARA LA COLA
*
*
*
*
*
*

PRESUPUESTO

Previsión

ENTRADA: ....

TRANSPORTE: ....

COMIDA: ....

ALOJAMIENTO: ....

MERCHANDISING: ....

TOTAL

Gasto final

ENTRADA: ....

TRANSPORTE: ....

COMIDA: ....

ALOJAMIENTO: ....

MERCHANDISING: ....

TOTAL

SETLIST

1 ...
2 ...
3 ...
4 ...
5 ...
6 ...
7 ...
8 ...
9 ...
10 ...
11 ...
12 ...
13 ...
14 ...
15 ...
16 ...
17 ...
18 ...
19 ...
BIS ...

MIS IMPRESIONES

LO QUE MÁS ME HA GUSTADO: ...

LO QUE MENOS ME HA GUSTADO: ...

INTERACCIONES CON MI ARTISTA:

REPETIRÍA: ☐

NO REPETIRÍA: ☐

VALORACIÓN GENERAL:

☆☆☆☆☆

¿Cuántas estrellas le pones?

Usa esta página para PEGAR TUS RECUERDOS

(entradas, pulseras, fotos...)

10 Ficha de CONCIERTO

ARTISTA:

FECHA: HORA: APERTURA PUERTAS:

CIUDAD: RECINTO:

NOMBRE DE LA GIRA:

TIPO DE ENTRADA: COMPRADA:

CON QUIÉN VOY:

PUNTO DE ENCUENTRO:

Concierto EN mi ciudad

¿CÓMO LLEGO?

COCHE TRANSPORTE PÚBLICO

¿CUÁNTO TARDO?

¿A QUÉ HORA SALGO DE CASA?

¿CÓMO VUELVO?

Concierto FUERA de mi ciudad

¿CÓMO LLEGO?

AVIÓN TREN COCHE BUS

¿CUÁNTO TARDO?

¿NECESITO ALOJAMIENTO?

DÓNDE ME QUEDO:

HORA SALIDA ALOJAMIENTO:

¿CÓMO VUELVO?

----- PUNTOS DE INTERÉS CERCA DEL CONCIERTO ------

» SUPERMERCADO:

....

» CENTRO COMERCIAL:

....

» RESTAURANTE:

....

» CAFETERÍA:

....

MI OUTFIT

Prendas:

- ....
- ....
- ....
- ....
- ....

Accesorios:

- ....
- ....
- ....
- ....
- ....

¡NO ME PUEDO OLVIDAR!

* CARGADOR DEL MÓVIL
* LLAVES DE CASA
* AGUA PARA LA COLA
*
*
*
*
*
*

PRESUPUESTO

Previsión

ENTRADA: ....

TRANSPORTE: ....

COMIDA: ....

ALOJAMIENTO: ....

MERCHANDISING: ....

TOTAL

Gasto final

ENTRADA: ....

TRANSPORTE: ....

COMIDA: ....

ALOJAMIENTO: ....

MERCHANDISING: ....

TOTAL

SETLIST

1 ....

2 ....

3 ....

4 ....

5 ....

6 ....

7 ....

8 ....

9 ....

10 ....

11 ....

12 ....

13 ....

14 ....

15 ....

16 ....

17 ....

18 ....

19 ....

BIS ....

MIS IMPRESIONES

LO QUE MÁS ME HA GUSTADO: ....

LO QUE MENOS ME HA GUSTADO: ....

INTERACCIONES CON MI ARTISTA:

REPETIRÍA: ☐

NO REPETIRÍA: ☐

VALORACIÓN GENERAL:

☆☆☆☆☆

¿Cuántas estrellas le pones?

Usa esta página para PEGAR TUS RECUERDOS

(entradas, pulseras, fotos...)

11 Ficha de CONCIERTO

ARTISTA:

FECHA: HORA: APERTURA PUERTAS:

CIUDAD: RECINTO:

NOMBRE DE LA GIRA:

TIPO DE ENTRADA: COMPRADA:

CON QUIÉN VOY:

PUNTO DE ENCUENTRO:

Concierto EN mi ciudad

¿CÓMO LLEGO?

COCHE TRANSPORTE PÚBLICO

¿CUÁNTO TARDO?

¿A QUÉ HORA SALGO DE CASA?

¿CÓMO VUELVO?

Concierto FUERA de mi ciudad

¿CÓMO LLEGO?

AVIÓN TREN COCHE BUS

¿CUÁNTO TARDO?

¿NECESITO ALOJAMIENTO?

DÓNDE ME QUEDO:

HORA SALIDA ALOJAMIENTO:

¿CÓMO VUELVO?

----- PUNTOS DE INTERÉS CERCA DEL CONCIERTO ------

» SUPERMERCADO:

....

» CENTRO COMERCIAL:

....

» RESTAURANTE:

....

» CAFETERÍA:

....

MI OUTFIT

Prendas:

- ....
- ....
- ....
- ....
- ....

Accesorios:

- ....
- ....
- ....
- ....
- ....

¡NO ME PUEDO OLVIDAR!

* CARGADOR DEL MÓVIL
* LLAVES DE CASA
* AGUA PARA LA COLA
*
*
*
*
*
*

PRESUPUESTO

Previsión

ENTRADA: ....

TRANSPORTE: ....

COMIDA: ....

ALOJAMIENTO: ....

MERCHANDISING: ....

TOTAL

Gasto final

ENTRADA: ....

TRANSPORTE: ....

COMIDA: ....

ALOJAMIENTO: ....

MERCHANDISING: ....

TOTAL

SETLIST

1
2
3
4
5
6
7
8
9
10
11
12
13
14
15
16
17
18
19
BIS

MIS IMPRESIONES

LO QUE MÁS ME HA GUSTADO:

LO QUE MENOS ME HA GUSTADO:

INTERACCIONES CON MI ARTISTA:

REPETIRÍA: ☐

NO REPETIRÍA: ☐

VALORACIÓN GENERAL:

☆☆☆☆☆

¿Cuántas estrellas le pones?

Usa esta página para PEGAR TUS RECUERDOS

(entradas, pulseras, fotos...)

12 Ficha de CONCIERTO

ARTISTA:

FECHA: HORA: APERTURA PUERTAS:

CIUDAD: RECINTO:

NOMBRE DE LA GIRA:

TIPO DE ENTRADA: COMPRADA:

CON QUIÉN VOY:

PUNTO DE ENCUENTRO:

Concierto EN mi ciudad

¿CÓMO LLEGO?

COCHE TRANSPORTE PÚBLICO

¿CUÁNTO TARDO?

¿A QUÉ HORA SALGO DE CASA?

¿CÓMO VUELVO?

Concierto FUERA de mi ciudad

¿CÓMO LLEGO?

AVIÓN TREN COCHE BUS

¿CUÁNTO TARDO?

¿NECESITO ALOJAMIENTO?

DÓNDE ME QUEDO:

HORA SALIDA ALOJAMIENTO:

¿CÓMO VUELVO?

----- PUNTOS DE INTERÉS CERCA DEL CONCIERTO ------

» SUPERMERCADO:

....

» CENTRO COMERCIAL:

....

» RESTAURANTE:

....

» CAFETERÍA:

....

MI OUTFIT

Prendas:

- ....
- ....
- ....
- ....
- ....

Accesorios:

- ....
- ....
- ....
- ....
- ....

¡NO ME PUEDO OLVIDAR!

* CARGADOR DEL MÓVIL
* LLAVES DE CASA
* AGUA PARA LA COLA
*
*
*
*
*
*

PRESUPUESTO

Previsión

ENTRADA: ....

TRANSPORTE: ....

COMIDA: ....

ALOJAMIENTO: ....

MERCHANDISING: ....

TOTAL

Gasto final

ENTRADA: ....

TRANSPORTE: ....

COMIDA: ....

ALOJAMIENTO: ....

MERCHANDISING: ....

TOTAL

SETLIST

1
2
3
4
5
6
7
8
9
10
11
12
13
14
15
16
17
18
19
BIS

MIS IMPRESIONES

LO QUE MÁS ME HA GUSTADO:

LO QUE MENOS ME HA GUSTADO:

INTERACCIONES CON MI ARTISTA:

REPETIRÍA: ☐

NO REPETIRÍA: ☐

VALORACIÓN GENERAL:

☆ ☆ ☆ ☆ ☆

¿Cuántas estrellas le pones?

Usa esta página para PEGAR TUS RECUERDOS

(entradas, pulseras, fotos...)

13 Ficha de CONCIERTO

ARTISTA:

FECHA: HORA: APERTURA PUERTAS:

CIUDAD: RECINTO:

NOMBRE DE LA GIRA:

TIPO DE ENTRADA: COMPRADA:

CON QUIÉN VOY:

PUNTO DE ENCUENTRO:

Concierto EN mi ciudad

¿CÓMO LLEGO?

COCHE TRANSPORTE PÚBLICO

¿CUÁNTO TARDO?

¿A QUÉ HORA SALGO DE CASA?

¿CÓMO VUELVO?

Concierto FUERA de mi ciudad

¿CÓMO LLEGO?

AVIÓN TREN COCHE BUS

¿CUÁNTO TARDO?

¿NECESITO ALOJAMIENTO?

DÓNDE ME QUEDO:

HORA SALIDA ALOJAMIENTO:

¿CÓMO VUELVO?

----- PUNTOS DE INTERÉS CERCA DEL CONCIERTO ------

» SUPERMERCADO:

....

» CENTRO COMERCIAL:

....

» RESTAURANTE:

....

» CAFETERÍA:

....

MI OUTFIT

Prendas:

- ....
- ....
- ....
- ....
- ....

Accesorios:

- ....
- ....
- ....
- ....
- ....

¡NO ME PUEDO OLVIDAR!

* CARGADOR DEL MÓVIL
* LLAVES DE CASA
* AGUA PARA LA COLA
*
*
*
*
*
*

PRESUPUESTO

Previsión

ENTRADA: ....

TRANSPORTE: ....

COMIDA: ....

ALOJAMIENTO: ....

MERCHANDISING: ....

TOTAL

Gasto final

ENTRADA: ....

TRANSPORTE: ....

COMIDA: ....

ALOJAMIENTO: ....

MERCHANDISING: ....

TOTAL

SETLIST

1 ....
2 ....
3 ....
4 ....
5 ....
6 ....
7 ....
8 ....
9 ....
10 ....

11 ....
12 ....
13 ....
14 ....
15 ....
16 ....
17 ....
18 ....
19 ....
BIS ....

MIS IMPRESIONES

LO QUE MÁS ME HA GUSTADO: ....

LO QUE MENOS ME HA GUSTADO: ....

INTERACCIONES CON MI ARTISTA:

REPETIRÍA: ☐

NO REPETIRÍA: ☐

VALORACIÓN GENERAL:

☆☆☆☆☆

¿Cuántas estrellas le pones?

Usa esta página para PEGAR TUS RECUERDOS

(entradas, pulseras, fotos...)

14 Ficha de CONCIERTO

ARTISTA:

FECHA: HORA: APERTURA PUERTAS:

CIUDAD: RECINTO:

NOMBRE DE LA GIRA:

TIPO DE ENTRADA: COMPRADA:

CON QUIÉN VOY:

PUNTO DE ENCUENTRO:

Concierto EN mi ciudad

¿CÓMO LLEGO?

COCHE TRANSPORTE PÚBLICO

¿CUÁNTO TARDO?

¿A QUÉ HORA SALGO DE CASA?

¿CÓMO VUELVO?

Concierto FUERA de mi ciudad

¿CÓMO LLEGO?

AVIÓN TREN COCHE BUS

¿CUÁNTO TARDO?

¿NECESITO ALOJAMIENTO?

DÓNDE ME QUEDO:

HORA SALIDA ALOJAMIENTO:

¿CÓMO VUELVO?

----- PUNTOS DE INTERÉS CERCA DEL CONCIERTO ------

» SUPERMERCADO:

....

» CENTRO COMERCIAL:

....

» RESTAURANTE:

....

» CAFETERÍA:

....

MI OUTFIT

Prendas:

- ....
- ....
- ....
- ....
- ....

Accesorios:

- ....
- ....
- ....
- ....
- ....

¡NO ME PUEDO OLVIDAR!

* CARGADOR DEL MÓVIL
* LLAVES DE CASA
* AGUA PARA LA COLA
*
*
*
*
*
*

PRESUPUESTO

Previsión

ENTRADA: ....

TRANSPORTE: ....

COMIDA: ....

ALOJAMIENTO: ....

MERCHANDISING: ....

TOTAL

Gasto final

ENTRADA: ....

TRANSPORTE: ....

COMIDA: ....

ALOJAMIENTO: ....

MERCHANDISING: ....

TOTAL

SETLIST

1 ....

2 ....

3 ....

4 ....

5 ....

6 ....

7 ....

8 ....

9 ....

10 ....

11 ....

12 ....

13 ....

14 ....

15 ....

16 ....

17 ....

18 ....

19 ....

BIS ....

MIS IMPRESIONES

LO QUE MÁS ME HA GUSTADO: ....

LO QUE MENOS ME HA GUSTADO: ....

INTERACCIONES CON MI ARTISTA:

REPETIRÍA: ☐

NO REPETIRÍA: ☐

VALORACIÓN GENERAL:

☆☆☆☆☆

¿Cuántas estrellas le pones?

Usa esta página para PEGAR TUS RECUERDOS

(entradas, pulseras, fotos...)

15 Ficha de CONCIERTO

ARTISTA:

FECHA: HORA: APERTURA PUERTAS:

CIUDAD: RECINTO:

NOMBRE DE LA GIRA:

TIPO DE ENTRADA: COMPRADA:

CON QUIÉN VOY:

PUNTO DE ENCUENTRO:

Concierto EN mi ciudad

¿CÓMO LLEGO?

COCHE TRANSPORTE PÚBLICO

¿CUÁNTO TARDO?

¿A QUÉ HORA SALGO DE CASA?

¿CÓMO VUELVO?

Concierto FUERA de mi ciudad

¿CÓMO LLEGO?

AVIÓN TREN COCHE BUS

¿CUÁNTO TARDO?

¿NECESITO ALOJAMIENTO?

DÓNDE ME QUEDO:

HORA SALIDA ALOJAMIENTO:

¿CÓMO VUELVO?

----- PUNTOS DE INTERÉS CERCA DEL CONCIERTO ------

» SUPERMERCADO:

....

» CENTRO COMERCIAL:

....

» RESTAURANTE:

....

» CAFETERÍA:

....

MI OUTFIT

Prendas:

- ....
- ....
- ....
- ....
- ....

Accesorios:

- ....
- ....
- ....
- ....
- ....

¡NO ME PUEDO OLVIDAR!

- * CARGADOR DEL MÓVIL
- * LLAVES DE CASA
- * AGUA PARA LA COLA
- *
- *
- *
- *
- *
- *

PRESUPUESTO

Previsión

ENTRADA: ....

TRANSPORTE: ....

COMIDA: ....

ALOJAMIENTO: ....

MERCHANDISING: ....

TOTAL

Gasto final

ENTRADA: ....

TRANSPORTE: ....

COMIDA: ....

ALOJAMIENTO: ....

MERCHANDISING: ....

TOTAL

SETLIST

1
2
3
4
5
6
7
8
9
10
11
12
13
14
15
16
17
18
19
BIS

MIS IMPRESIONES

LO QUE MÁS ME HA GUSTADO:

LO QUE MENOS ME HA GUSTADO:

INTERACCIONES CON MI ARTISTA:

REPETIRÍA: ☐

NO REPETIRÍA: ☐

VALORACIÓN GENERAL:

☆☆☆☆☆

¿Cuántas estrellas le pones?

Usa esta página para PEGAR TUS RECUERDOS

(entradas, pulseras, fotos...)

16 Ficha de CONCIERTO

ARTISTA:

FECHA: HORA: APERTURA PUERTAS:

CIUDAD: RECINTO:

NOMBRE DE LA GIRA:

TIPO DE ENTRADA: COMPRADA:

CON QUIÉN VOY:

PUNTO DE ENCUENTRO:

Concierto EN mi ciudad

¿CÓMO LLEGO?

COCHE TRANSPORTE PÚBLICO

¿CUÁNTO TARDO?

¿A QUÉ HORA SALGO DE CASA?

¿CÓMO VUELVO?

Concierto FUERA de mi ciudad

¿CÓMO LLEGO?

AVIÓN TREN COCHE BUS

¿CUÁNTO TARDO?

¿NECESITO ALOJAMIENTO?

DÓNDE ME QUEDO:

HORA SALIDA ALOJAMIENTO:

¿CÓMO VUELVO?

----- PUNTOS DE INTERÉS CERCA DEL CONCIERTO ------

» SUPERMERCADO:

....

» CENTRO COMERCIAL:

....

» RESTAURANTE:

....

» CAFETERÍA:

....

MI OUTFIT

Prendas:

- ....
- ....
- ....
- ....
- ....

Accesorios:

- ....
- ....
- ....
- ....
- ....

¡NO ME PUEDO OLVIDAR!

* CARGADOR DEL MÓVIL
* LLAVES DE CASA
* AGUA PARA LA COLA
*
*
*
*
*
*

PRESUPUESTO

Previsión

ENTRADA: ....

TRANSPORTE: ....

COMIDA: ....

ALOJAMIENTO: ....

MERCHANDISING: ....

TOTAL

Gasto final

ENTRADA: ....

TRANSPORTE: ....

COMIDA: ....

ALOJAMIENTO: ....

MERCHANDISING: ....

TOTAL

SETLIST

1
2
3
4
5
6
7
8
9
10
11
12
13
14
15
16
17
18
19
BIS

MIS IMPRESIONES

LO QUE MÁS ME HA GUSTADO:

LO QUE MENOS ME HA GUSTADO:

INTERACCIONES CON MI ARTISTA:

REPETIRÍA:

NO REPETIRÍA:

VALORACIÓN GENERAL:

¿Cuántas estrellas le pones?

Usa esta página para PEGAR TUS RECUERDOS

(entradas, pulseras, fotos...)

17 Ficha de CONCIERTO

ARTISTA:

FECHA: HORA: APERTURA PUERTAS:

CIUDAD: RECINTO:

NOMBRE DE LA GIRA:

TIPO DE ENTRADA: COMPRADA:

CON QUIÉN VOY:

PUNTO DE ENCUENTRO:

Concierto EN mi ciudad

¿CÓMO LLEGO?

COCHE TRANSPORTE PÚBLICO

¿CUÁNTO TARDO?

¿A QUÉ HORA SALGO DE CASA?

¿CÓMO VUELVO?

Concierto FUERA de mi ciudad

¿CÓMO LLEGO?

AVIÓN TREN COCHE BUS

¿CUÁNTO TARDO?

¿NECESITO ALOJAMIENTO?

DÓNDE ME QUEDO:

HORA SALIDA ALOJAMIENTO:

¿CÓMO VUELVO?

----- PUNTOS DE INTERÉS CERCA DEL CONCIERTO ------

» SUPERMERCADO:

....

» CENTRO COMERCIAL:

....

» RESTAURANTE:

....

» CAFETERÍA:

....

MI OUTFIT

Prendas:

- ....
- ....
- ....
- ....
- ....

Accesorios:

- ....
- ....
- ....
- ....
- ....

¡NO ME PUEDO OLVIDAR!

* CARGADOR DEL MÓVIL
* LLAVES DE CASA
* AGUA PARA LA COLA
*
*
*
*
*
*

PRESUPUESTO

Previsión

ENTRADA: ....

TRANSPORTE: ....

COMIDA: ....

ALOJAMIENTO: ....

MERCHANDISING: ....

TOTAL

Gasto final

ENTRADA: ....

TRANSPORTE: ....

COMIDA: ....

ALOJAMIENTO: ....

MERCHANDISING: ....

TOTAL

SETLIST

1
2
3
4
5
6
7
8
9
10
11
12
13
14
15
16
17
18
19
BIS

MIS IMPRESIONES

LO QUE MÁS ME HA GUSTADO:

LO QUE MENOS ME HA GUSTADO:

INTERACCIONES CON MI ARTISTA:

REPETIRÍA:

NO REPETIRÍA:

VALORACIÓN GENERAL:

☆☆☆☆☆

¿Cuántas estrellas le pones?

Usa esta página para PEGAR TUS RECUERDOS

(entradas, pulseras, fotos...)

18 Ficha de CONCIERTO

ARTISTA:

FECHA: HORA: APERTURA PUERTAS:

CIUDAD: RECINTO:

NOMBRE DE LA GIRA:

TIPO DE ENTRADA: COMPRADA:

CON QUIÉN VOY:

PUNTO DE ENCUENTRO:

Concierto EN mi ciudad

¿CÓMO LLEGO?

COCHE TRANSPORTE PÚBLICO

¿CUÁNTO TARDO?

¿A QUÉ HORA SALGO DE CASA?

¿CÓMO VUELVO?

Concierto FUERA de mi ciudad

¿CÓMO LLEGO?

AVIÓN TREN COCHE BUS

¿CUÁNTO TARDO?

¿NECESITO ALOJAMIENTO?

DÓNDE ME QUEDO:

HORA SALIDA ALOJAMIENTO:

¿CÓMO VUELVO?

----- PUNTOS DE INTERÉS CERCA DEL CONCIERTO ------

» SUPERMERCADO:

....

» CENTRO COMERCIAL:

....

» RESTAURANTE:

....

» CAFETERÍA:

....

MI OUTFIT

Prendas:

- ....
- ....
- ....
- ....
- ....

Accesorios:

- ....
- ....
- ....
- ....
- ....

¡NO ME PUEDO OLVIDAR!

* CARGADOR DEL MÓVIL
* LLAVES DE CASA
* AGUA PARA LA COLA
*
*
*
*
*
*

PRESUPUESTO

Previsión

ENTRADA: ....

TRANSPORTE: ....

COMIDA: ....

ALOJAMIENTO: ....

MERCHANDISING: ....

TOTAL

Gasto final

ENTRADA: ....

TRANSPORTE: ....

COMIDA: ....

ALOJAMIENTO: ....

MERCHANDISING: ....

TOTAL

SETLIST

1 ....
2 ....
3 ....
4 ....
5 ....
6 ....
7 ....
8 ....
9 ....
10 ....
11 ....
12 ....
13 ....
14 ....
15 ....
16 ....
17 ....
18 ....
19 ....
BIS ....

MIS IMPRESIONES

LO QUE MÁS ME HA GUSTADO: ....

LO QUE MENOS ME HA GUSTADO: ....

INTERACCIONES CON MI ARTISTA:

REPETIRÍA: ☐

NO REPETIRÍA: ☐

VALORACIÓN GENERAL:

☆☆☆☆☆

¿Cuántas estrellas le pones?

Usa esta página para PEGAR TUS RECUERDOS

(entradas, pulseras, fotos...)

19 Ficha de CONCIERTO

ARTISTA:

FECHA: HORA: APERTURA PUERTAS:

CIUDAD: RECINTO:

NOMBRE DE LA GIRA:

TIPO DE ENTRADA: COMPRADA:

CON QUIÉN VOY:

PUNTO DE ENCUENTRO:

Concierto EN mi ciudad

¿CÓMO LLEGO?

COCHE TRANSPORTE PÚBLICO

¿CUÁNTO TARDO?

¿A QUÉ HORA SALGO DE CASA?

¿CÓMO VUELVO?

Concierto FUERA de mi ciudad

¿CÓMO LLEGO?

AVIÓN TREN COCHE BUS

¿CUÁNTO TARDO?

¿NECESITO ALOJAMIENTO?

DÓNDE ME QUEDO:

HORA SALIDA ALOJAMIENTO:

¿CÓMO VUELVO?

----- PUNTOS DE INTERÉS CERCA DEL CONCIERTO ------

» SUPERMERCADO:

....

» CENTRO COMERCIAL:

....

» RESTAURANTE:

....

» CAFETERÍA:

....

MI OUTFIT

Prendas:

- ....
- ....
- ....
- ....
- ....

Accesorios:

- ....
- ....
- ....
- ....
- ....

¡NO ME PUEDO OLVIDAR!

* CARGADOR DEL MÓVIL
* LLAVES DE CASA
* AGUA PARA LA COLA
*
*
*
*
*
*

PRESUPUESTO

Previsión

ENTRADA: ....

TRANSPORTE: ....

COMIDA: ....

ALOJAMIENTO: ....

MERCHANDISING: ....

TOTAL

Gasto final

ENTRADA: ....

TRANSPORTE: ....

COMIDA: ....

ALOJAMIENTO: ....

MERCHANDISING: ....

TOTAL

SETLIST

1 ....
2 ....
3 ....
4 ....
5 ....
6 ....
7 ....
8 ....
9 ....
10 ....
11 ....
12 ....
13 ....
14 ....
15 ....
16 ....
17 ....
18 ....
19 ....
BIS ....

MIS IMPRESIONES

LO QUE MÁS ME HA GUSTADO: ....

LO QUE MENOS ME HA GUSTADO: ....

INTERACCIONES CON MI ARTISTA:

REPETIRÍA: ☐

NO REPETIRÍA: ☐

VALORACIÓN GENERAL:

☆☆☆☆☆

¿Cuántas estrellas le pones?

Usa esta página para PEGAR TUS RECUERDOS

(entradas, pulseras, fotos...)

20 Ficha de CONCIERTO

ARTISTA:

FECHA: HORA: APERTURA PUERTAS:

CIUDAD: RECINTO:

NOMBRE DE LA GIRA:

TIPO DE ENTRADA: COMPRADA:

CON QUIÉN VOY:

PUNTO DE ENCUENTRO:

Concierto EN mi ciudad

¿CÓMO LLEGO?

COCHE TRANSPORTE PÚBLICO

¿CUÁNTO TARDO?

¿A QUÉ HORA SALGO DE CASA?

¿CÓMO VUELVO?

Concierto FUERA de mi ciudad

¿CÓMO LLEGO?

AVIÓN TREN COCHE BUS

¿CUÁNTO TARDO?

¿NECESITO ALOJAMIENTO?

DÓNDE ME QUEDO:

HORA SALIDA ALOJAMIENTO:

¿CÓMO VUELVO?

----- PUNTOS DE INTERÉS CERCA DEL CONCIERTO ------

» SUPERMERCADO:

....

» CENTRO COMERCIAL:

....

» RESTAURANTE:

....

» CAFETERÍA:

....

MI OUTFIT

Prendas:

- ....
- ....
- ....
- ....
- ....

Accesorios:

- ....
- ....
- ....
- ....
- ....

¡NO ME PUEDO OLVIDAR!

* CARGADOR DEL MÓVIL
* LLAVES DE CASA
* AGUA PARA LA COLA
*
*
*
*
*
*

PRESUPUESTO

Previsión

ENTRADA: ....

TRANSPORTE: ....

COMIDA: ....

ALOJAMIENTO: ....

MERCHANDISING: ....

TOTAL

Gasto final

ENTRADA: ....

TRANSPORTE: ....

COMIDA: ....

ALOJAMIENTO: ....

MERCHANDISING: ....

TOTAL

SETLIST

1 ....
2 ....
3 ....
4 ....
5 ....
6 ....
7 ....
8 ....
9 ....
10 ....
11 ....
12 ....
13 ....
14 ....
15 ....
16 ....
17 ....
18 ....
19 ....
BIS ....

MIS IMPRESIONES

LO QUE MÁS ME HA GUSTADO: ....

LO QUE MENOS ME HA GUSTADO: ....

INTERACCIONES CON MI ARTISTA:

REPETIRÍA: ☐

NO REPETIRÍA: ☐

VALORACIÓN GENERAL:

☆☆☆☆☆

¿Cuántas estrellas le pones?

Usa esta página para PEGAR TUS RECUERDOS

(entradas, pulseras, fotos...)